LO CHINO EN EL HABLA CUBANA

COLECCION POLYMITA

EDICIONES UNIVERSAL. Miami. Florida, 1980

BEATRIZ VARELA
University of New Orleans

LO CHINO
EN EL HABLA CUBANA

P.O. Box 450353 (Shenandoah Station)
Miami, Florida, 33145, U.S.A.

PC
4854
.C8V37

© Copyright 1980 by Beatriz Varela

Library of Congress Catalog Card No: 79-54025

Dibujo de la cubierta: Tina Soong.

ISBN: 0-89729-233-2

Depósito Legal: 31.011-1979

Printed in Spain   *Impreso en España*

Impreso en el complejo de Artes Gráficas MEDINACELI, S. A.
General Sanjurjo, 53, Barcelona-24 (España)

*A mis padres,
con todo el cariño,
el respeto y la admiración
que merecen.*

INTRODUCCIÓN

En los últimos treinta años, se ha despertado un gran interés en los estudios etnológicos. Las universidades de los Estados Unidos han creado cursos nuevos para enseñar la cultura de los numerosos pueblos de distintos orígenes, razas, lenguas y credos que integran la nacionalidad norteamericana. Programas federales, estatales y del municipio se han ocupado asimismo de dar a conocer las contribuciones que han hecho a la historia, las costumbres y la vida de este país, grupos étnicos como el alemán, el asiático, el francés, el hispano, el irlandés, el italiano, el judío, el negro —para citar sólo unos cuantos. En Hispanoamérica y en Europa se estudian además de las culturas, las lenguas de los diversos grupos.

Con el presente estudio deseamos destacar la influencia que un grupo étnico asiático ha tenido en la cultura y el habla de Cuba. Fuera de la Isla y desde luego de los cubanos que viven en el exilio, apenas se conoce la existencia, durante más de un siglo, de una numerosa colonia china en Cuba. Entre los propios cubanos, habrá muchos que ignoran que la cultura china —al igual que la española y la africana— ha dejado importantes huellas en el folklore, la literatura, la música, el habla y otros aspectos del patrimonio cultural cubano.

Es nuestra impresión que el estudio en el habla cubana de las palabras de origen chino y de las expresiones relacionadas con los chinos, es de valor y constituye el objetivo principal de nuestro trabajo.

La fuente más importante para la realización de este ensayo ha sido un número de aproximadamente cincuenta informantes, algunos chinos, otros chino cubanos y cubanos. Entre los primeros hemos obtenido la colaboración de nativos de Cantón, Shanghai, Taiwán y Hong Kong. Los chino-cubanos están representados por mestizos de chino con blanca o chino con negra. La mezcla de china con blanco o de china con negro era muy rara en Cuba debido a la escasez de mujeres en la inmigración china. Los cubanos constituyen un grupo que por razones comerciales, profesionales o de vecindad, ha tenido amplio contacto con la colonia china en Cuba.

En la imposibilidad de mencionar el nombre de todos nuestros informantes, deseamos expresar por este medio a cada uno de ellos, nuestras más expresivas gracias por su ayuda. Queremos, sin embargo, hacer especial mención de Tina Soong, oriunda de Shanghai y original artista. Su interés en conseguir datos en la literatura y cultura chinas y entre sus compatriotas, ha sido de invaluable beneficio.

La inmigración china

Entre los años de 1847 y 1873 desembarcaron en Cuba unos 125,000 chinos.[1] La Junta de Fomento, compuesta por los hombres de negocios y dueños de ingenio de aquella época, habían propuesto esta inmigración asiática para aliviar la escasez de brazos ocasionada por la abolición de la trata negrera. Durante los años de la república hasta la segunda guerra mundial hubo una nueva ola de estos inmigrantes, los cuales llegaron a alcanzar un total de más o menos 150,000, ahora como en los primeros viajes, casi todos hombres.

El censo de 1953 muestra una cifra de 16,000 chinos aproximadamente.[2] Este decrecimiento en número quizás pueda explicarse por el hecho de que los hijos de los matrimonios chinos con blancas o negras eran considerados blancos y desde 1940, ciudadanos cubanos por nacimiento, y también porque las cifras en cuanto al número de chinos varían mucho, al extremo de resultar a veces contradictorias. Además, por primera vez en la historia de Cuba, la inmigración extranjera no era importante.[3]

Cuando Fidel Castro asumió el poder en 1959, muchos chinos al igual que sus compatriotas cubanos abandonaron la Isla para establecer su residencia en los Estados Unidos. Hoy en día, son dueños de restaurantes como el Asia Imperial en Nueva York y el Wakamba en Miami entre otros, en los cuales se sirven especialidades chino-cubanas.

Los chinos se hallaban distribuidos por toda la isla, aunque la mayoría se encontraba en las ciudades de La Habana y de Santiago de Cuba. En un principio, estuvieron dedicados a la agricultura, pero después se destacaron también como profesionales, comerciantes, políticos, obreros, etc.

En La Habana tenían el monopolio de las lavanderías y de los puestos de frutas, y un barrio chino donde había restaurantes de fama internacional, como el Pacífico, en el cual cenaba con frecuencia el novelista norteamericano Ernest Hemingway;[4] teatros donde se representaban obras en chino y en español y tiendas donde se vendían objetos importados de la China: porcelanas, telas, paravanes,[5] figuras de jade, muebles, etc. También se publicaban tres periódicos en chino, existían estaciones de radio que transmitían en chino y varias sociedades y clubes para estos inmigrantes. En el Vedado, barrio de La Habana, había un cementerio chino, en el cual se solían ver las ofrendas de comida que los chinos dedicaban a sus muertos.[6]

La clínica[7] china *Kow Kong*, situada en el barrio de Lawton en La Habana, operaba siguiendo el sistema de los centros regionales españoles y cubanos, o sea que pagando una cuota módica al mes, los asociados tenían derecho a los siguientes servicios: hospitalización, consultas médicas y visitas a domicilio, radiografías, exámenes de laboratorio y otros métodos de diagnóstico, y medicinas. Si surgía el caso de un chino pobre que no podía sufragar la cuota mensual, la sociedad china de su región natal costeaba todos los gastos. En la clínica *Kow Kong*, que significa «nueve ríos grandes» y es el nombre de un pueblo pequeño en Cantón, trabajaban médicos y enfermeros chinos y cubanos.

Como a los chinos les interesaba que sus hijos conservaran la lengua y la cultura de sus padres, los enviaban si tenían los medios a estudiar a la China, y si no los tenían, las sociedades organizaban clases de chino en las iglesias. Cuando la guerra sino-japonesa, se fundó en la calle Manrique de La Habana el primer colegio bilingüe chino-español, llamado *Shung Wah* que significa «China».

Los chinos mambises

En las guerras de 1868 y de 1895, el aporte de los chinos fue muy valioso. Ignacio Agramonte, Julio Sanguily, Máximo Gómez, Calixto García, Francisco Carrillo, José Martí, Gonzalo de Quesada, y otros jefes de la revolución cubana elogiaron la valentía y la lealtad de los chinos en la lucha por la independencia. Martí expresa:

> ...los chinos eran grandes patriotas; no hay caso de que un chino haya traicionado nunca: un chino, aunque lo cojan, no hay peligro: «no sabo», nadie lo saca de su «no sabo».[8]

Napoleón Suec[9] cita los nombres de chinos que alcanzaron grados en el Ejército Libertador por su comportamiento heroico. Entre ellos mencionemos al comandante José Bu y al capitán José Tolón, porque

> fueron los únicos chinos que junto a los generales extranjeros Máximo Gómez y Carlos Roloff calificaban como cubanos nativos y podían ser electos presidente de Cuba, de acuerdo con la Constitución de 1901, por haber servido a la República con las armas en las manos en ambas guerras por más de diez años (art. 65, Constitución 1901).[10]

El presidente cubano Mario García Menocal inauguró en 1921 (año 20 de la República China) un monumento que rinde homenaje a los chinos mambises que lucharon por la independencia. El adjetivo *mambises* con su plural irregular, se refería a los insurgentes cubanos contra la denominación española, y el aplicarlo a los chinos presupone una gran distinción.[11]

La autora de este trabajo ha tenido la oportunidad de leer libros de textos publicados en Taiwán, para estudiantes chinos que residen en el extranjero. Están escritos en inglés y en chino y en los capítulos que tratan sobre la presencia de los chinos en Cuba, se pone de relieve el orgullo que sienten por la participación de sus compatriotas en las guerras de Cuba por la independencia.

La cultura china

El pueblo chino es rico en folklore y muy amante de sus tradiciones, costumbres y ritos. La colonia china —sobre todo en las ciudades de La Habana, Santiago de Cuba, Caibarién, Sagua la Grande, Las Villas— conmemoraba el Año Nuevo Chino, el Día de los Difuntos, el festival de los faroles chinos y otras fiestas del calendario lunar que conservaron durante un período largo los chinos en Cuba.

En el Año Nuevo Chino, las sociedades organizaban la danza del dragón. Los bailarines se vestían de rojo, el color que es símbolo de la felicidad y el bienestar para los chinos y manipulaban el dragón, animal sagrado en la mitología china, que ejecutaba entonces los pasos de la danza. En La Habana además, se bailaba la danza del león y a veces tenían lugar ambas a la vez. En los últimos años antes de la revolución castrista, después que terminaban las danzas del dragón y del león salían muchachas en coches tirados por el dragón. Iban vestidas de rojo con trajes y abanicos típicos de la China. La presencia de mujeres es producto de la transculturación pues en el festival del Año Nuevo Lunar no toman parte mujeres.

El Día de los Difuntos o *Shing Ming*, los chinos iban en caravana al cementerio. Adornaban las tumbas de sus seres queridos con lámparas y papeles rojos y encendían velas y palitos de sándalo. En una mesa cubierta con un mantel rojo, colocaban la ofrenda principal: un cochino asado con una fruta en la boca. Por lo general, la fruta era una manzana, símbolo de paz para los chinos y de ahí que se la ofrecieran al difunto. Si éste era muy ilustre, le sacrificaban entonces tres animales: una vaca, un cochino y un carnero. También ante cada tumba ponían siempre la comida favorita del muerto. Esparcían un incienso especial, exclusivo de los templos budistas pero apropiado para los fallecidos puesto que según sus creencias religiosas se han convertido al morir en dioses. El Día de los Difuntos se conmemoraba durante la primavera, en marzo o en abril.

La fiesta de las lámparas o faroles chinos es la primera después de la del Año Nuevo y cae siempre el 15 de enero de acuerdo con el calendario lunar. Sin embargo, en Cuba solía tener lugar entre enero y marzo según las variaciones de nuestro calendario solar gregoriano. En el cuento «La luna nona», Lino Novás Calvo nos describe esta fiesta anual que uno de los personajes llama «la de los papalotes y de los farolitos».[12]

> Desde mediodía los chinos, al otro lado del bajío, habían comenzado a disparar cohetes, a intervalos cada vez más breves y con estallidos altos y breves como castañeteos. Al sol subían dejando un largo hilo de humo tras sí. Luego, al declinar la tarde, empezaron a soltar pequeños cometas de papel con lengüetas doradas que brillaban y se juntaban contra un cielo casi blanco, casi transparente... se veían hormigueando los festejantes en el terreno de entre las casas, moviendo los cordeles. Los cometas ascendían casi verticalmente, como suspendidos por algún gas, pero al ir bajando el sol, se levantó una brisa más viva y los cometas provistos de pitos, comenzaron a combatir con música...
> Luego, casi repentinamente, sin dejar más tiempo que el preciso para que los vecinos llegados de todo el campo en derredor... pudieran ver la fiesta de lengüetas y destellos dorados y plateados contra el cielo azul y blanco, cerró el crepúsculo y contra el cielo azul y negro se encendieron los innumerables farolitos chinos.[13]

Las características eclécticas de esta fiesta chino-cubana descrita por Novás Calvo se hallan en la aparición de los papalotes, que no son típicos de la fiesta china de las lámparas y en la presencia de un elemento cultural cubano: la valla de gallos,[14] que les había preparado el guajiro del cuento y que los chinos disfrutaban por su conocida afición al juego.

El *Kung fu* o arte defensivo chino es equivalente al *judo* o *karate* de los japoneses o al *taekwondo* de los coreanos, pero mucho más antiguo. En las funciones de ópera china que se llevaban a cabo en La Habana, se podía observar que los cantantes de la ópera oriental no se limitaban al canto como en la de occidente sino que también bailaban, hacían acrobacias, pantomimas y demostraciones del arte marcial *Kung fu*.

Severo Sarduy, en cuyas novelas se nota una fuerte influencia oriental, describe en *Cobra* a Mei Lan-Fang,[15] el famoso y legendario artista chino, que por cierto no alcanzó a vivir los ochenta años que le atribuye el novelista cubano:

> octogenario *impersonator* de la ópera de Pekín en su caracterización de dama joven —la coronaba una cofia de cascabeles— recibiendo el ramo de flores, la piña y la caja de tabaco del viril presidente de una delegación cubana.[16]

En otra de sus obras, *De donde son los cantantes*, Sarduy rinde homenaje al teatro burlesco «Shanghai», situado en el barrio chino. Le dedica una de las tres narraciones que forman parte de la citada novela para integrar «las tres culturas que se han superpuesto para constituir la cubana —española, africana y china— tres ficciones que aluden a ellos constituyen este libro.»[17] Sarduy reconoce también el elemento étnico indio, pero no le consagra una narración porque considera que desapareció muy pronto.[18]

Como introducción a «Junto al río de Cenizas de Rosa», nombre de la ficción dedicada al «Shanghai», cita Sarduy los versos de una canción popular muy conocida:

> *En el bosque de la Habana (sic)*
> *una chica se perdió,*
> *y como yo era un perdido*
> *nos encontramos los dos.*[20]

Más adelante aclara que «El Bosque de La Habana es el del Palacio de Verano, y las aguas del Almendares son las del Yang-Tzé.»[21]

El negro cimarrón de la novela editada por Miguel Barnet, *The Autobiography of a Runaway Slave,* hace una reseña de unos acróbatas chinos:

> I went to Sagua whenever I could, either by train or on foot, more often walking, because the train was expensive. I knew the Chinese held festivals on their important religious days. The village would be packed with people who had come to watch them celebrate. They did all sorts of acrobatics and mime shows. I was never able to go to any of these fiestas of theirs, but I heard that they used to hang by their pigtails and their bodies would dance about high in the air. Another trick they did was for one of them to lie on the ground with a millstone on his belly, and another would pick up a great big hammer and give the stone a colossal crack without hurting him at all. Then the first Chinese jumped to his feet and laughed and the audience shouted, «More, more!» Or they used to burn papers like the puppeteers at Remedios and fling them on the ground till they burnt to ashes, then rake the ashes and pull out coloured streamers. This is perfectly true, because I was told about it many different times. Those Chinese hypnotised their audience. This is something they have always known how to do. It is the foundation of their religion.»[22]

La magia china tenía también admiradores. El mago Fu Man Chu representaba todos los años en el Teatro Martí de La Habana, ante un numeroso y entusiasta público.

La música

La música ritual de las ceremonias religiosas chinas no recibió en Cuba tanto favor como la música popular que se empleaba en el teatro de la ópera y la folklórica que cantaban los cortadores de caña y los vendedores ambulantes. Éstos anunciaban a las amas de casa los productos que llevaban con pregones que iban acompañados de melodías rítmicas y simples. Como expresa Loveira:

> La proximidad de un chino vendedor de dulces, anunciábase por el repique peculiarísimo, inconfundible de un palillo contra el costado del «tablero» que el asiático llevaba en la cabeza...[23]

La famosa danza de Ernesto Lecuona *Ahí viene el chino* imita la melodía seguida por los chinos vianderos.

Muchos cubanos no saben que la escala pentatónica característica de la música china aparece con frecuencia en canciones y danzones cubanos. Alejo Carpentier en su libro *La música en Cuba* nos menciona tres ejemplos de danzones que tienen estribillos enteros en la escala pentatónica. Los nombres de dichos danzones son *Los chinos* de Raimundo Valenzuela, *Espabílate* de Eliseo Grenet, y *El dios chino* de José Urfé.[24] También nos ha señalado anteriormente Carpentier que una melodía china «abría el antaño famoso *Bombín de Barreto* de José Urfé».[25] Entre las canciones folklóricas que estudiaremos más adelante, veremos también otro ejemplo de esta escala de cinco notas.

En una entrevista con el compositor Natalio Galán, que ahora reside en Nueva Orleáns, él me decía que la pantatónica que compone el mencionado *Espabílate* de Eliseo Grenet tiene un origen africano y no chino. Ambas culturas compartían la misma serie de sonidos.

Los instrumentos en las orquestas chinas al igual que en las occidentales se dividen por categorías de sonido en instrumentos de cuerda, de viento y de percusión. Los que más se popularizaron en Cuba fueron los de viento. La trompeta china de cinco notas fue muy usada en los mítines políticos por su estridencia.[26] La flauta china es para Severo Sarduy el centro de la música cubana. Él considera que la orquesta cubana es quizás el caso único en síntesis total de las tres culturas: la española, la africana y la china.[27] La corneta china se hizo parte de los carnavales de Santiago de Cuba. La conocida conga «Al Carnaval de Oriente me voy» así como muchos danzones se tocaban con el acompañamiento de estas cornetas, sopladas por músicos chinos, blancos o negros con igual maestría. Los santiagueros recuerdan a los barrenderos de su ciudad natal como los expertos tocadores de este instrumento.[28]

La comida

En Cuba como en otros países del mundo, la comida china gustaba por su sabor, variedad, fina presentación y por la abundancia de productos frescos que utiliza. El arroz se preparaba de maneras muy diferentes y se usaba también para hacer dulces. Entre las comidas con arroz preferidas por los cubanos se hallaban el arroz frito o *chau fan,* el arroz en forma de tamal que se aliñaba con pato salado, maní, tocino seco o *lab jok,* chorizo o *lab chon* y se cocinaba en hojas secas de bambú que habían sido cortadas en forma triangular; la sopa de arroz, los chicharrones de arroz, un dulce de arroz que consistía en una pasta de aspecto gelatinoso la cual se obtenía después de moler el grano de arroz crudo. Se vendía en trozos cuadrados y era muy popular en las bodas.

Amantes del clima tropical, los chinos supieron aprovechar la riqueza de viandas, verduras, mariscos, pescado, etc. que les brindaba la isla. Freían el boniato picado en trocitos; el plátano verde en forma de mariquitas; la malanga; los bollitos de carita, de papa, de boniato, las rositas de maíz, las majúas, el pargo, el serrucho, la cherna, etc. Guisaban con harina de maíz unas frituras que los cubanos bautizaron con el nombre de *pito de auxilio* por la forma tan inflada y alargada que las caracterizaba. Preparaban una panetela con mucho ajonjolí, que se conocía como *alegría de ajonjolí* o *chino con piojos,* nombres que podemos considerar paralelos a los de *alegría de coco* o *mojón de negro* para el dulce de coco.

Con las frutas cubanas como el anón, el maney, el caimito, la guanábana, etc. preparaban helados que se distinguieron siempre como los mejores.

En las fondas chinas surgió el cubanismo *comerse una completa,* que significa saborear una comida abundante, con muchas viandas y barata.

Las medicinas

Entre las medicinas chinas que adoptaron los cubanos hay que mencionar sobre todo una pomada de mentol para aliviar el dolor de cabeza. En chino se llama *wam chin yo* que significa «diez mil piezas de oro en pomada» o sea que se trata de un medicamento muy valioso. Venía de China en una cajita de metal que se abría a la mitad y que tenía la figura de un tigre en la cara superior, por lo que en Cuba se le llamaba *la pomada del tigre.* Muchos cubanos exiliados siguen comprando esta pomada en los establecimientos chinos de las ciudades estadounidenses donde residen, porque estiman que no hay mejor remedio para la jaqueca.

Había otro ungüento para la fiebre que los cubanos denominaron *pomada china* y que en los Estados Unidos recibe el nombre de «ointment of the five whooping cranes» por la fotografía de estos cinco pájaros que hay en el frasco de forma tubular que contiene la medicina. Además como veremos más adelante los médicos chinos se hicieron famosos por sus curas maravillosas a base de yerbas, y de ahí la expresión cubana «no lo salva ni el médico chino».

El chino

La descripción que hace Martí de los chinos en San Francisco se ajusta perfectamente a los que habitaban en Cuba:

...hombrecillos de ojos almendrados, rostro huesudo y lampiño y larga trenza...[29]

Antes del año 1912, fecha que marca el establecimiento de la primera República Asiática en China, los chinos que deseaban regresar a su patria no se cortaban el pelo y lo llevaban en trenzas. Para los cubanos, un chino «aplatanado[30] era el que se había cortado la coleta». Esta costumbre explica los versos populacheros:

Cómprate una maleta
Córtate la coleta
y vete pa Cantón.

«El chino no tiene mujer, vive de fruslerías, viste barato, trabaja recio, persiste en sus costumbres; pero no viola la ley del país; rara vez se defiende; nunca ataca; es avisado y vence en la lucha por su sobriedad y su agudeza al trabajador europeo.

No es simpático: un pueblo sin mujeres no es simpático: un hombre es estimable no por lo que trabaja para sí, sino por lo que da de él. El hombre casado inspira respeto... como trabajador el chino es sobrio, barato, bueno.»[31]

Este tipo chino tan admirablemente retratado por Martí, ha pasado a formar parte de la literatura y el folklore cubanos. Gastón Baquero, Cabrera Infante, Rolando Campins, Carlos Felipe, Carlos Loveira, Lino Novás Calvo, Hilda Perera, José Sánchez-Boudy, Álvaro de Villa y otros autores cubanos describen —en algunas de sus novelas, poesías, cuentos o comedias— unas veces las características físicas y morales del chino, otras sus tradiciones, costumbres, juegos, su manera peculiar de hablar el español, etc.

Dentro del campo de lo popular, a los cubanos no les gustaba perderse ni un episodio de la conocida novela policíaca *La serpiente roja* escrita por el santiaguero Félix B. Caignet y cuyo protagonista era el detective chino Chan Li Po. La frase que caracterizaba a este personaje era «Tenga mucha pa*ch*en*ch*a (por paciencia). Chan Li Po no tiene mie*l*o (por miedo)». Aníbal de Mar, el actor que hacía el papel del detective, pronunciaba con gran lentitud e imitaba magistralmente el habla de los chinos. La citada oración se usaba al principio de cada episodio radial así como en los momentos más culminantes y siempre iba seguida de un fuerte gong. Este golpe de gong era frecuente en los espectáculos chinos y el escritor de la serie lo empleaba con eficacia para destacar los instantes de clímax.

Cuatro tipos del folklore cubano

En las comedias y episodios graciosos que se representaban en los teatros de Cuba o que se transmitían por la radio y la televisión, aparecían, por lo general, cuatro personajes típicos del folklore cubano. El negrito, el gallego,[32] la mulata y el chino hacían reír al público con sus ocurrencias y comentarios sobre algún aspecto de la vida en Cuba, y con su imitación del habla característica del grupo étnico que encarnaban respectivamente. Así el negrito y la mulata no pronunciaban entre otros sonidos, las eses en posición final de sílaba o de palabra. El gallego alteraba el timbre de las vocales y el chino sustituía la *r* por la *l*.

El sentido del humor cubano también se ha vertido sobre estos cuatro tipos nacionales. Abundan por ejemplo, los chistes que reproducen la tendencia monosilábica de la lengua china en español[33] y también los que explotan el rotacismo de la *d* o *r* por la *l*[34] o la frecuencia del sonido *ch*.[35] Asimismo hay chistes contrarrevolucionarios[36] y adivinanzas.[37]

Canciones folklóricas

Recogimos de seis informantes, diez canciones populares y dos canciones infantiles. De las diez canciones populares eliminamos cuatro porque eran fragmentos de una opereta inglesa de fines del siglo XIX escrita por Sydney Jones y titulada *The Geisha. The*

Story of a Teahouse.[38] O sea, que la heroína era japonesa y no china.

Los temas de las restantes seis canciones son la lengua china, el amor o alguna costumbre u oficio de los chinos en Cuba. No hemos enmendado nada en el texto de las canciones —ni la versificación ni el lenguaje— porque el mérito de las canciones se halla en haberse conservado por tradición oral. En ellas se alude a hechos reales que ponen en evidencia el choque cultural de dos civilizaciones. Leyendo la letra podremos observar: 1) la impresión del cubano ante una lengua extranjera tan distinta a la suya. 2) matrimonios mixtos de chino con negra o de chino con blanca que debido a la escasez de mujeres chinas eran bastante frecuentes. 3) el chino que se ha superado económicamente y aspira a casarse con la cubana más hermosa y los correspondientes celos del nativo. 4) el característico «palanquín» de las civilizaciones orientales. 5) los pregones del chino ambulante, en los cuales se imita la forma en que hablaban el español los chinos: sustituían la *r* por la *l* (ama*l*illa) y usaban el verbo en tercera persona del singular siempre (yo vend*e*).

Al citar el texto de la canción, indicamos el nombre del informante que nos la proporcionó y su lugar de nacimiento en Cuba. Los títulos de las canciones son de nuestra cosecha. Sólo daremos la transcripción musical de una de las canciones —la que tiene compases escritos en la ya citada escala pentatónica china—. Las demás siguen el ritmo de la guaracha, o el de la conga o la rumba.

En relación con la dificultad de la lengua china, grabamos dos canciones. La primera parece ser muy antigua y se la debemos a la memoria increíble de una señora de noventa años, que salió de Cuba en 1898 cuando tenía diez años. Residió en Tampa hasta su matrimonio con un español que la llevó a vivir en la parroquia de San Bernardo, en la Luisiana, donde aún se encuentra actualmente. De la segunda canción sólo tenemos seis versos, porque era todo lo que recordaba el informante.

1. «Esa lengua china»

(Recordado por Belén Fernández, La Habana)

Esa lengua china, que ha venido aquí,
yo no los entiendo qué quieren decir
siempre chan chun chan chun

*siempre chan chun chan chin
yo no los entiendo qué quieren decir
qué quieren decir, qué quieren hablar.
Yo no los entiendo, qué quieren cantar,
siempre chan chun chan chun
siempre chan chun chan chin.
Yo no los entiendo qué quieren decir.*

2. «EL IDIOMA CHINO»

(Recordado por Miguel Medina, Cárdenas)

*El idioma chino
tan difícil es
que ni los mismos chinos
se entienden bien.
Cuando van a comer
dicen chin chan chun
..................................*

De tema amoroso:

1. «LA NEGRITA Y EL CHINITO»

(Recordado por Belén Fernández, La Habana)

*Yo conocía una negrita
que le decían Piripití.
Era chiquita, muy graciosita
y le gustaba comer maní.
Por la mañana iba a la plaza,
compraba yuca, ñame y guagüí.*[39]
*Y el chinito para verla brava
pues la llamaba Pilipití.
Pilipití, Pilipití,
Pilipití, Pilipití,
Pilipití, Pilipití.
Y la negrita y el chinito
vivieron mucho tiempo feliz* (sic)

*Y al cabo de algunos años
tuvieron cinco Pilipití.
   Pilipití, Pilipití,
   Pilipití, Pilipití,
   Pilipití, Pilipití.*

2. «Muchacha bonita»

(Recordado por Belén Fernández, La Habana)

*Muchacha bonita, yo caso contigo,
yo tengo linelo (dinero), yo tengo leló (reloj)
pa(ra) cuando casemos nosotros los dos
chau chino chino
que aquí no se quiere guapo
Tiu na ma Ka li nam bó* [40]

3. «Chinito, no te la lleves»

(Recordado por Antonio Curbelo, Cienfuegos)

*Yo soy chino lico (rico)
y quielo (quiero) casalme (casarme)
con la cubana más linda
de la tiela (tierra).
Chinito, no te la lleves,
no te la lleves pa(ra) Cantón.*

4. «Macalaca»

(Recordado por Ela Mañero, Victoria de las Tunas)

*Macalaca se llamó
la china que un día vivió
en un regio palanquín.
La china un día murió
entre los brazos de su amor
y el chino se quedó
solito como un corazón.*

....
El pobre chinito
se murió de amor.

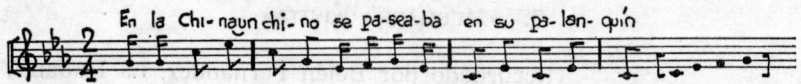

A Natalio Galán debemos la transcripción del anterior fragmento de la canción «Macalaca», y el verso que lo acompaña. Cito exactamente, además, su opinión sobre el mismo:

> Con un remedo de pentatónica este couplet de 1925 aludía a la escala china. Los cuatro grados indicados eran suficientes para que la frase musical lograra el exotismo, que lo reafirmaba la fórmula rítmica empleada, también utilizada comúnmente en el teatro de bufos, revista musical o zarzuela española.

Tema: los chinos vendedores

1. «El pregón»

(Recordado por Lola Maspons, La Habana)

Chinito, ¿qué vendes tú
que yo te quiero comprar?
Y dime lo que tú vende(s)
para oírte pregonar.
«Yo mende (vendo) calabaza amalilla (amarilla)
y quimbombó flehco (fresco)».

2. «OTRO PREGÓN»

(Recordado por Beba Pérez, Santiago de Cuba)

Chinito, ¿qué tú tienes
que yo te voy a comprar?
Yo tiene (tengo) hígado molongo (mondongo)
habichuelas catalanga[41]
carne chucutanga[41]
y achafangó.[41]

3. «DOS CHINOS MANISEROS»

(Recordado por Belén Fernández, La Habana
y Lola Maspons, La Habana)

Primer chino: *Maní tostao (tostado) caliente*
pa(ra) la vieja que no tiene dientes.
Segundo chino: *Lo mihmo (mismo). Lo mihmo (mismo)*

Dos canciones para los niños

1. (Recordada por Antonio Curbelo, Cienfuegos)

A la buena fe
un chino con un café
los zapaticos blancos
y las medias al revés.

2. (Recordada por Ela Mañero, Victoria de las Tunas)

Un chino cayó en un pozo
las tripas se le hicieron agua
Arre bote bote bote
Arre bote bote bote.

Hay otras variantes de esta cuarteta, pero todas comienzan con el mismo verso «Un chino cayó en un pozo». Algunas, por cierto, nada tienen que ver con los niños, según veremos al estudiar las palabras de origen chino en el habla cubana.

La charada china o «chi ffa»

Había otro chino, aparte del que actuaba en los episodios y comedias populares, que era casi un personaje real en Cuba. Nos referimos, por supuesto, al chino de la charada, cuyo retrato con el vestuario mandarín típico de la dinastía Ching era bien conocido por todos los cubanos. (Véase la ilustración, pág. sig.).

Distribuidos alrededor del cuerpo del chino mandarín, se colgaban los dibujos de treinta y seis animales, personas o cosas. A cada dibujo le correspondían un lugar (la cabeza, la oreja, la mano, etc.) y un número específicos. Una gran mayoría del pueblo cubano se sabía de memoria los treinta y seis símbolos y como es natural los políticos se aprovechaban de esto y en los pasquines electorales anunciaban con el bicho correspondiente. Así: *Vote por .... para Concejal. Número 9 (elefante)*. Los vendedores de periódicos interpretaban también las noticias a través de la charada: «*Ocho* en la calle del *vapor*», por «Un muerto en la calle 23».

Veamos la lista de los treinta y seis números y sus símbolos:

1.	Caballo	13.	Pavo real	25.	Piedra fina
2.	Mariposa	14.	Gato tigre	26.	Anguila
3.	Marinero	15.	Perro	27.	Avispa
4.	Gato boca	16.	Toro	28.	Chivo
5.	Monja	17.	Luna	29.	Ratón
6.	Jicotea	18.	Pescado chico	30.	Camarón
7.	Caracol	19.	Lombriz	31.	Venado
8.	Muerto	20.	Gato fino	32.	Cochino
9.	Elefante	21.	Majá	33.	Tiñosa
10.	Pescado grande	22.	Sapo	34.	Mono
11.	Gallo	23.	Vapor	35.	Araña
12.	Ramera	24.	Paloma	36.	Cachimba

Durante mucho tiempo, cada símbolo tenía su nombre en chino, pero con el transcurso de los años fueron olvidándose las palabras chinas, y sólo han permanecido unas pocas como *sam vaya* para el mono y *gum Kai* para el gallo.[42] La chispa característica del cubano sustituía algunos de los símbolos por frases pintorescas y así *la ramera* era «la mujer santa», *el pavo real* «el chulo», *el gato*

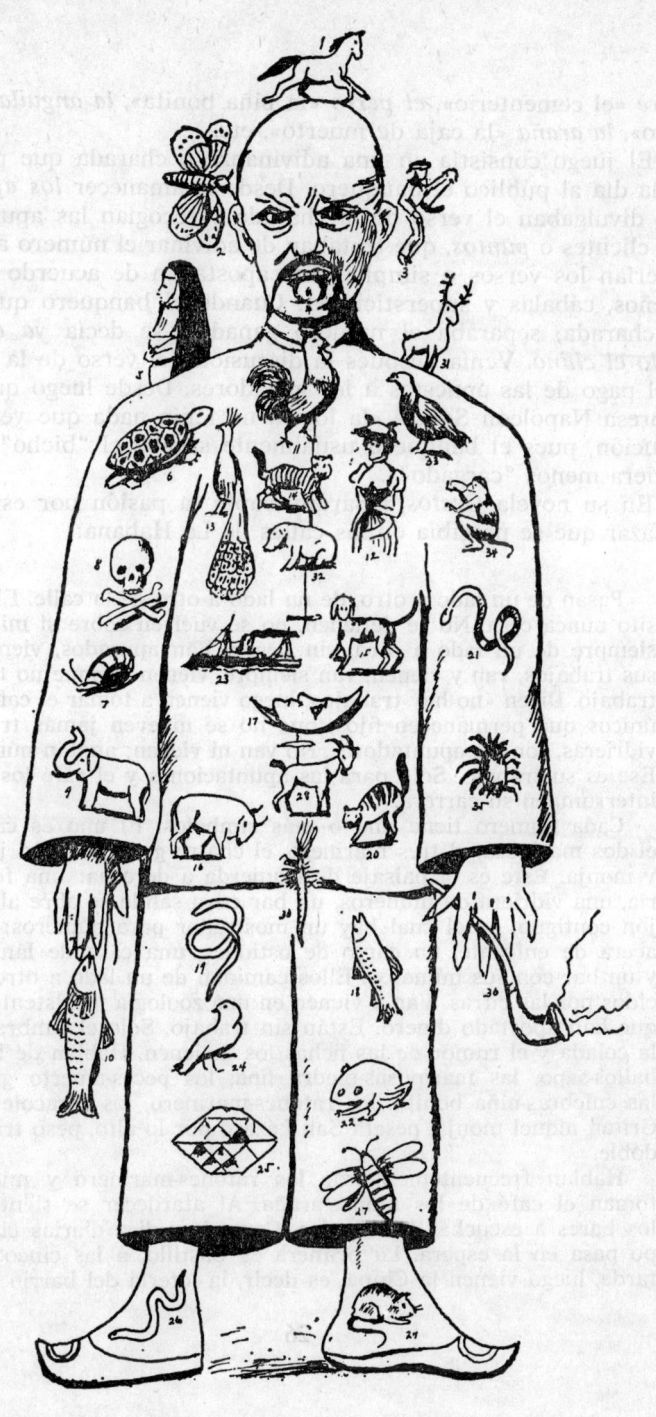

tigre «el cementerio», *el perro* «la niña bonita», *la anguila* «el médico», *la araña* «la caja de muerto», etc.

El juego consistía en una adivinanza o charada que proponía cada día al público el banquero. Desde el amanecer *los apuntadores* divulgaban el verso de la charada y recogían las apuestas de los clientes o *puntos,* que trataban de adivinar el número al que se referían los versos o simplemente apostaban de acuerdo con sus sueños, cábalas y supersticiones. Cuando el banquero que *tiraba* la charada, separaba el número ganador, se decía *ya está colgado el chino.* Venía después la discusión del verso de la charada y el pago de las apuestas a los ganadores. Desde luego que como expresa Napoleón Seuc[43] «la lógica no tenía nada que ver con la solución, pues el banquero usualmente sacaba el "bicho" que estuviera menos "cargado"».

En su novela *Gestos,*[44] Sarduy capta la pasión por este juego de azar que se percibía en las calles de La Habana:

Pasan de un lado a otro, de un lado a otro de la calle. El tránsito nunca cesa. No se detienen, no se vuelven sobre sí mismos: siempre de un lado a otro, sin llegar. Van apurados, vienen de sus trabajos, van y vienen, van siempre, vienen aunque no tengan trabajo. Dicen «no hay trabajo», luego vienen a tomar el café. Los únicos que permanecen fijos, que no se mueven jamás tras las vidrieras, son los apuntadores. No van ni vienen; anotan números. Ese es su trabajo. Sólo para las apuntaciones y el café los otros interrumpen su carrera.

Cada número tiene uno o más símbolos. El uno es caballo, el dos mariposa, el tres marinero, el cuatro gato, el cinco jicotea y monja. Éste es el paisaje de izquierda a derecha: una ferretería, una vidriera de números, un bar cuya salida se abre al callejón contiguo, en el cual hay un mostrador para números; en la acera de enfrente, un carro de ostiones, una casa de lámparas y un bar con sus números. Ellos caminan de un lado a otro, vencidos por las cifras. Van y vienen en una zoología inexistente, a la que han apostado dinero. Están sin trabajo. Sólo el timbrazo de la colada y el rumor de las fichas los detienen. Hablan de los caballos-sapo, las mariposas-piedra fina, los peces-muerto grande, las culebras-niña bonita, los ratones-marinero, los caracoles-gato. Gritan níquel monja, peseta San Lázaro por lo alto, peso tragedia doble.

Hablan frecuentemente de los ratones-marinero y mientras toman el café de los monos-araña. Al atardecer se sientan en los bares a escuchar las tiradas. Como hay diez diarias el tiempo pasa en la espera. La primera es Castillo, a las cinco de la tarde, luego vienen la China, es decir, la lotería del barrio chino, el Frontón, cuyo premio es el número del jugador que anote más tantos, y luego las otras menos importantes. El sábado hay una tirada suplementaria: la lotería oficial.

A continuación citamos ejemplos de versos de la charada que fueron célebres en Cuba:

1. «Una que no es monja, pero vive siempre metida dentro de su casa». Revela Gastón Baquero «que casi todo el mundo apuntaba el 12, pero tiraban el 7, y si alguien preguntaba la explicación era ésta: "¿Ha visto usted nadie que esté más encerrado que el caracol, y sin estar en un convento?"»[45]
2. «Anda por el techo y no lo rompe». Fue muy famoso este verso de Castillo [46] porque las apuestas giraron alrededor del gato, el mono o el ratón y resultó ser el elefante «animal que anda por el techo del mundo sin romperlo».
3. «El que pasea con su casa a cuestas». La respuesta es el muerto, pero la mayoría pensó en el caracol.[47]
4. «El pájaro de agua». Se apuntó al pato ya que en Cuba *pato* y *pájaro* son sinónimos de "homosexual". Sin embargo, resultó ser el pez.[48]
5. «Un general que pierde las batallas».
Respuesta: el toro.[49]
6. «Un músico al que la flauta no le suena».
Respuesta: el elefante.[50]
7. «Animal que anda en el agua y camina sin tener patas».
Respuesta: el vapor.[51]

Para estimular las apuestas, los charadistas recitaban:

> *Hagan juegos, señores*
> *el banco pierde y se ríe*
> *el punto gana y se va.*
> *Hagan juegos, señores.*

Sin embargo, paralelos a estos versos, corrían los que exponían la verdad:

> *De enero a enero*
> *el dinero es del banquero*

El chino trajo a Cuba otros juegos que mencionaremos al estudiar el vocabulario de etimología china. La charada, no obstante, fue el que desde su introducción en la isla durante la segunda mitad del siglo XIX se hizo parte integral de la vida cubana, al extremo que a imitación de la china, surgieron otras charadas como la india, la cubana y la americana. Ninguna, sin embargo, alcanzó la misma popularidad.

Para terminar estos comentarios sobre el *chi ffa* o charada china, citemos esta poesía de Gastón Baquero:

«CHARADA»[52]

*Uno caballo dos marinero tres mariposa,
mira el caballo mira el marino,
mira la mariposa.
Va de blanco vestido el marino,
blanca es la pelliza del caballo,
ríe la mariposa blanca.
Tres marinero dos mariposa uno caballo,
sobre el caballo vuela el marino,
sobre el marino va la mariposa,
dos mariposa uno caballo tres marinero,
mira el caballo a la mariposa,
mira el marino la blanca risa de su caballo,
la mariposa mira al marino mira al caballo,
vuela el caballo canta el marino
canción de cuna a la mariposa,
duerme el caballo y sueña con el marino,
duerme la mariposa y sueña que es el caballo,
duerme el marino y sueña ser mariposa,
uno caballo dos mariposa tres marinero
tres mariposa dos marinero uno caballo,
¡uno marinero, uno caballo, uno mariposa!*

NOTAS

1. Hugh Thomas, *Cuba, The Pursuit of Freedom*, 1971, p. 1541.
2. Hugh Thomas, ob. cit., pp. 1100-1101.
3. Hugh Thomas, ob. cit., p. 1100.
4. Severo Sarduy, *De donde son los cantantes*, México, 1970, p. 28.
5. La palabra *paraván* del francés *paravent* no la registra el diccionario de la Real Academia Española (1970), pero en Cuba se prefería a *mampara* o *biombo*.

6. Para más detalles sobre la historia, las costumbres, las ocupaciones y la vida de los chinos en Cuba, véanse: Corbitt, Duyon Clough. *A Study of the Chinese in Cuba,* 1971; Seuc, Napoleón. *Los chinos de Cuba,* Enciclopedia de Cuba, 1973, vol. V, pp. 454-476; Valverde y Maruri, Antonio L. *Colonización e inmigraciones en Cuba,* 1922; Villanueva, Manuel. «La emigración de colonos chinos», *Revista Contemporánea,* vol. VII, 1877, pp. 338-376.

7. En el español de Cuba y de otros países hispanohablantes, la palabra *clínica* se usa para un hospital privado y *hospital* para uno del estado o del municipio.

8. José Martí, *Obras completas,* La Habana, 1946, vol. I, p. 593.

9. *Enciclopedia de Cuba,* 1973, vol. V, pp. 461-467.

10. Napoleón Seuc, *Enciclopedia de Cuba,* vol. V, p. 465.

11. Véanse para más informes sobre la participación de los chinos en las guerras de Independencia: Jiménez Pastrana, Juan. *Los chinos en las luchas por la liberación cubana,* La Habana, 1963 Martin, Juan Luis, «Los chinos y la revolución cubana», *El Mundo,* 24 y 31 de marzo de 1940; Quesada, Gonzalo de. *The Chinese and Cuban Independence,* Leipzig, 1912. Translated from his book *Mi primera ofrenda,* 1892; Seuc, Napoleón. *Enciclopedia de Cuba,* 1973, vol V, pp. 454-476.

12. Lino Novás Calvo, *La luna nona y otros cuentos,* 1942, p. 16.

13. Lino Novás Calvo, ob. cit., pp. 32-35.

14. Lino Novás Calvo, ob. cit., p. 29.

15. Mei Lan-Fang nació en 1896 y murió en 1961. (*Encyclopaedia Britannica,* 1965, vol. VII, p. 33).

16. Severo Sarduy, *Cobra,* 1974, p. 14.

17. Severo Sarduy, *De donde son los cantantes,* 1970, p. 151.

18. Severo Sarduy, ob cit., pp. 20-21.

19. El primer verso de la canción es «En un bosque de la China».

20. Severo Sarduy, ob. cit., p. 23.

21. Severo Sarduy, *De donde son los cantantes,* 1970, p. 27.

22. Esteban Montejo, *The Autobiography of a Runaway Slave,* 1968, pp. 95-96. No se consiguió la edición en español hasta después de terminado este artículo.

23. Carlos Loveira, Juan Criollo, 1964, pp. 19-20.

24. Alejo Carpentier, *La música en Cuba,* p. 240.

25. Alejo Carpentier, ob. cit., p. 239.

26. Alejo Carpentier, ob. cit., p. 240.

27. Emir Rodríguez Monegal, *El arte de narrar,* 1968, p. 277.

28. Natalio Galán observa que estos tres instrumentos chinos que hemos citado en realidad se trata de uno solo. Llámesele trompeta, flauta o corneta, Galán estima que lo importante es el tono agudo que se aproxima al del oboe y que es el mismo en los tres instrumentos.

29. José Martí, *Obras completas,* vol. I, p. 1461.

30. «Aplatanado» es un cubanismo que se refiere al extranjero adaptado a su nueva patria.

31. José Martí, ob. cit., p. 1646.

32. Nombre dado en Cuba a la persona oriunda de España, sin importar la región de donde procedía.

33. Defina en chino: 1) una señorita: «no ta u-sá» por «no está usada» 2) una señora: «ta u-sá» por «está usada» 3) una prostituta: «ta mu u-sá» por «está muy usada».

34. «Hablo del fi*l*el que hinca no del fi*l*el que jo*l*e» por «hablo del *alfiler* que hinca no del *Fidel* que *jode*».

35. ¿Cuáles son las semejanzas entre Cuba y China? «En China está Chian Kai Chek y en Cuba se can*ch*a uno» por «se cansa uno».

36. a) En relación con la falta de comida, el chino, dueño de la fonda, le dice al cliente: «Sólo hay carne de *l*a-ta (por de *r*a-ta) b) El mismo chino al tener que

colgar en su restaurante los retratos de Mao Tse Tung y de Fidel Castro les pone debajo los anuncios de *arroz amarillo con puerco*. [a-lós a.ma-lí-yo kom pwélko]

37. a) ¿Qué es amarillo por dentro y blanco por fuera? Un chino envuelto en una sábana blanca. b) ¿Qué tres calles de La Habana tienen nombres de santos? San Rafael, San Nicolás y Zanja [san-xá]

38. Veamos uno de los fragmentos, recordado por Lola Maspons:

> *La natura de un encanto sin igual*
> *de la geisha la hermosura sin igual,*
> *y yo canto con soltura*
> *y doy gracia a mi figura*
> *y en mis pies tengo una gran agilidad.*
> Chon quina chon quina chon chon
> quina quina nagasachi oco da
> ma ya co codate yo
> chiví chiví riví chivivivi
> chiví riví.

39. El guagüí es la malanga, la cual con la yuca, el ñame, la papa y el boniato, se encuentra entre los tubérculos comestibles más apreciados en Cuba.

40. Expresión malsonante en chino, pero que ha atenuado su significado en el habla cubana. (Véase p. 21).

41. *Catalanga, chucutanga* y *achafangó* son palabras inventadas para los efectos de la rima, y parecen no significar nada.

42. Los informntes no reconocieron ninguno de los nombres chinos citados por Rodríguez Herrera (*Léxico mayor de Cuba*, vol. I, pp. 423-424).

43. *Enciclopedia de Cuba*, vol. V, p. 470.
44. Severo Sarduy, *Gestos*, pp. 7-8.
45. *Enciclopedia de Cuba*, vol. VI, p. 414.
46. Un banquero cuya fama era la de pagar siempre.
47. Severo Sarduy, *Gestos*, p. 65.
48 Severo Sarduy, *Gestos*, pp. 65-66.
49. Carlos Felipe, *Requiem por Yarini*, p. 210.
50. Carlos Felipe, ob. cit., pp. 219-22.
51. E. Rodríguez Herrera, *Léxico mayor de Cuba*, vol. I, pp. 423-424.
52. *Homenaje a Lydia Cabrera*, pp. 14-15.

La influencia china en el habla cubana

Para realizar el estudio de la influencia china en el habla cubana, hemos clasificado las palabras o expresiones en dos grandes grupos. En el primero, colocamos las de origen chino y en el segundo, las de origen cubano pero relacionadas con el chino como tipo folklórico de Cuba o con una característica o una costumbre chinas. No hemos hallado para la mayoría de estas voces o frases, ninguna documentación. Cuando la hay, citamos la fuente, y de lo contrario queda sobrentendido que la palabra la hemos recogido exclusivamente en conversaciones con los informantes cubanos.

Palabras o expresiones de origen chino

En este apartado, analizaremos las voces del primer grupo, o sea las de origen chino. Las hemos separado en dos categorías: 1) las que forman parte integral del habla dialectal cubana, y 2) las que tienen una extensión limitada, pues sólo les resultan familiares a los cubanos que vivieron o trabajaron con los chinos en Cuba. Por último, dentro de cada categoría, re-clasificaremos las palabras de acuerdo con su significado.

Hemos visto en las canciones folklóricas citadas en párrafos anteriores, la impresión de dificultad y rareza que ocasionaba en el oído cubano la lengua china. Ese canturreo característico de las lenguas tonales y el hecho de que el hablante de lengua indoeuropea no reconoce ningún cognado entre las voces chinas, sirven para justificar el acierto de esos versos populares.

La lengua china tiene más hablantes que ninguna otra en el mundo. Más de novecientos millones de personas hablan chino. Esta cifra incluye no sólo a los habitantes de China, sino también a los que viven en Taiwán, Hong Kong, Malaya, Singapur y Vietnam. En números menores, existen asimismo hablantes de chino en todas partes del mundo, quizás con la excepción de Islandia, Groenlandia y algunos estados de África.[1] Desde luego que hay colonias chinas en los Estados Unidos y entre los países de Hispanoamérica principalmente en Cuba, México, Panamá y Perú.

Esos millones de personas no hablan, sin embargo, el mismo dialecto. El más importante es el dialecto mandarín, que desde la época de la primera República China, se viene imponiendo como el dialecto nacional. En la actualidad, la China comunista exige su enseñanza en todos los colegios del país, salvo que ahora se le llama la lengua del pueblo o de Peking. Entre los otros dialectos sólo nos vamos a referir al cantonés, hablado en el sur de las provincias chinas de Kwantung y Kwansi y por la mayoría de los chinos que vivían en Cuba, los cuales procedían en su casi totalidad de Cantón. Tenemos, no obstante, ejemplos de palabras que se han incorporado al español de Cuba con dos pronunciaciones diferentes, una cantonesa y la otra propia del mandarín. Véase más adelante el caso de *culí* (mandarín) versus *culi* (cantonés).

Los dialectos chinos no son mutuamente inteligibles. Poseen, sin embargo, la característica de que se escriben todos de la misma manera, o sea que los ideógrafos empleados sí resultan perfectamente comprensibles a todos los chinos. De manera que dos hablantes que por ser de mundos lingüísticos diferentes no se entienden oralmente, se pueden comunicar por escrito.[2]

Entre las palabras o expresiones de origen chino que constituyen parte del habla dialectal cubana, predominan las que son obscenas y las relacionadas con la comida y el juego.

Palabras obscenas

Tiu na ma Ka li nam bo es uno de los insultos más graves y violentos que hay en la lengua china y es más, una vez traducido, en cualquier lengua. En español es sinónimo de «mentarle la madre a alguien». Es interesante que hayamos recogido varias canciones folklóricas en las que aparece esta frase malsonante como verso final. Sin lugar a dudas que ha suavizado su sentido en las siguientes cuartetas, así como en la citada anteriormente al estudiar las canciones folklóricas. (p. 21).

*Un chino cayó en un pozo
por coger un cundiamor*[3]
y otro chino le decía
tiu na ma Ka li nam bo.

Otra variante sustituye el verbo *coger* por *comer* y el *cundiamor* por el *quimbombó*[4], pero los versos primero y cuarto permanecen sin cambios.

Tiu na ma ja cue es una variación de la anterior frase. Las dos últimas sílabas quieren decir «diablo negro» en chino. En Cuba era sinónima de «mentarle la madre a un negro».

La sílaba *ma* que aparece en estas dos frases malsonantes varía de significado en chino según el tono con que se pronuncie. A pesar de que en la lengua española no existe el tono como fonema, el cubano captó no sólo el significado de la sílaba sino también su pronunciación con un acento de intensidad que sustituye el tono ascendente propio de la lengua china. En nuestros dos ejemplos sigifica «madre», y variando el tono puede significar «caballo», «henequén» o una partícula interrogativa como en *Ni hau ma?* «¿Cómo está usted?»

En la lengua china *tiu ni ki si fa* significa «contacto carnal entre personas del mismo sexo o también entre heterosexuales». En Cuba la expresión se aplicaba al invertido sin ninguna alusión al acto sexual. La etimología popular jugó un papel importante en la explicación de esta frase porque muchos informantes aclararon que las sílabas *ni ki si fa* equivalían a *ni fu ni fa*, o sea que no es ni frío ni caliente, ni una cosa ni la otra. Por cierto que *ni fu ni fa*[5] no es de origen chino —como aseguraron algunos— sino estimamos que son voces onomatopéyicas.

Kai ta ya es la última de las palabrotas. Es un insulto grave, equivalente en forma atenuada, a «sinvergüenza». También puede referirse «al niño al que hay que castigar por indisciplinado».

Vocabulario relacionado con la comida

Entre las voces referentes a la comida mencionemos *chaúcha* «alimento» y *tautaya* «lo que queda de comida al levantarse de la mesa». Ambas son femeninas, y *chaúcha* es una de las dos únicas palabras entre las de origen chino que hemos hallado definida en un diccionario de cubanismos[6-7] aunque, desde luego, no se indica la etimología.

Para transcribir los sonidos chinos hay unas cuantas tablas de romanización. Entre las principales se hallan la de Yale, la de Wade-Giles, la de Goldenthal, y la más reciente Pinyin, que en este año de 1979 acaba de adoptar la Associated Press en vista de que será la tabla oficial del gobierno de Pekín. La dificultad de la transcripción se hace obvia puesto que hay más de doce sistemas y ninguno es perfecto.

En chino *cha ú cha* es «el té vespertino que se sirve acompañado de algo de comer». Los dos sonidos del primer *cha* se transcriben *cha* en el sistema Pinyin. El inicial es un sonido africado sordo con aspiración cuyo punto de articulación está entre el paladar y los alvéolos. La punta de la lengua adopta la misma posición retrofleja que exige la *r* inglesa. El sonido *u* más el anterior *cha* significan «tarde». La *u* cambia de pronunciación según el dialecto y por lo tanto se puede escuchar como [uw] con deslizamiento, o como [m] bilabial nasal o como [u] bilabiovelar. La última sílaba se transcribe en Pinyin como *zhai*, y el sonido inicial es como el primero del otro *cha* pero sin aspiración.

En chino la aspiración y la no aspiración tienen valor fonológico. La lengua española que no hace esta distinción fonemática y que carece de esos dos sonidos, identificó ambos con el de la *ch* y le dio a la voz acentuación llana. Desde luego que todas las sílabas en la lengua china poseen el mismo volumen, de manera que quizás la acentuación en la penúltima sílaba se deba al tono ascendente de la sílaba *u*.

En cuanto al significado, *chaúcha* representa una ampliación del mismo pues de «comer algo con el té de la tarde» pasó al de «comida» sin importar la hora y olvidando el té, costumbre cantonesa que nunca arraigó en Cuba.

Tautaya, por el contrario, representa una reducción de significado. Procede de *tau* «servir», *ta* «listo para comer» y *ya* «cosas, comida, sustancia» o sea «servir la comida preparada». La pregunta ¿*Qué hay de tautaya?* —era frecuente en boca de un marido hambriento que estaba dispuesto a meterle el diente a las «sobras del día anterior».

Vocabulario derivado de los juegos chinos

En cuanto a las palabras relacionadas con el juego, hemos hablado ya de la popularidad de la charada china o *chi ffa*, y hemos mencionado otras palabras de origen chino que se relacionan con este juego de azar: *achón, sam-vaya* y *gum-Kai.*

Las dos sílabas de *chi ffa* significan respectivamente «palabra» y «adivinanza, rompecabezas» o sea «rompecabezas de palabras», concepto que se ajusta muy bien al verso de la charada. En los libros o ensayos cubanos que tratan sobre este juego o que lo citan se utilizan por lo general ambas denominaciones: *charada china* o *chi ffa*. El *Léxico mayor de Cuba* es el único, empero, que hace una explicación etimológica, y no muy correcta por cierto pues define *chi* como «letra» y *ffa* como «flores». En la lengua china no hay letras sino sílabas o palabras y *ffa* puede significar «flores» pero no en este caso.[8] Hay otra *chi-fa*, que es completamente diferente en tono, pronunciación y significado de la estudiada aquí.[9]

Para la palabra *achón*, Sánchez-Boudy nos ofrece tres definiciones: «1. Banquero en el juego chino de la charada... 2. Hombre de agallas... 3. Inteligente».[10] Los tres conceptos se derivan de la palabra china *a-chon*, cuyas sílabas se traducen como «partícula peyorativa» e «intermediario astuto que maneja el dinero» También se refiere Sánchez-Boudy a la frase *pasar el achón*, cubanismo que significa «no seguir».[11]

Como ya expresamos, de los treinta y seis símbolos del juego de la charada, sólo dos han conservado sus nombres chinos: *sam vaya* «mono» y *gum kai* «gallo». *Sam* es «montaña» y *vaya* «señor, maestro». China es un país de muchas montañas en las cuales habitan numerosos monos de todas las especies. De ahí el nombre algo despectivo del animal «el señor o el tío de la montaña».

La traducción literal de *gum kai* es «macho pollo». La sílaba *gum* se antepone al nombre del animal para indicar el sexo masculino, igual que hacemos en español con los nombres epicenos. La diferencia está en que en español el adjetivo sigue al sustantivo, no lo precede: *el elefante macho*.

Hay un juego chino *el botón* que no hemos podido averiguar cómo se jugaba. Sabemos de su existencia porque lo citan Duvon Clough Corbitt en su libro *A Study. The Chinese in Cuba* (p. 90) y Esteban Montejo, quien nos cuenta que los chinos eran

> the world's greatest inventors of gambling games, and they played them in the streets and doorways. I remember one game they called «the button» and another one which has survived till today, called «charades». Both whites and Negroes went to Sagua to play with them, but the only game I used to play was *monte*.[12]

En el juego *fan tan* se apostaba del uno al cuatro. El banquero iba separando de tres en tres, o de cuatro en cuatro un número indeterminado de fríjoles que se habían colocado en una bolsa o caja. Salía premiado el que adivinara el número de frijoles que quedaba, el cual siempre tenía que ser cero, uno, dos o tres. Las sílabas chinas *fan tan* significan respectivamente «arroz, comida» y «casilla».

Otro juego chino, pero esta vez popular no sólo en Cuba sino también en muchos otros países es el *mah jong*. Se juega con unas 144 fichas parecidas a las del dominó, pero grabadas con símbolos y caracteres chinos. En los últimos diez años, una versión norteamericana de este juego ha adquirido mucha popularidad en este país.

Culi o Culí

Culi o *culí* es la única, entre las palabras estudiadas en este apartado, que aparece en el diccionario de la Real Academia Española, que la define como «trabajador o criado indígena en la India, China y otros países de Oriente».[13] La deriva del inglés *coolie* y éste de la voz indostánica *quli*. De manera que esta voz es común a todo el mundo hispanohablante y no exclusiva del habla cubana.

A fines del siglo XIX se usaba en Cuba como forma de tratamiento para los chinos que hacían el trabajo más duro en los ingenios. En el siglo XX, las dos pronunciaciones de esta voz, la cantonesa *culi* y la del mandarín *culí*, fueron cediéndoles el paso a otras formas de tratamiento como *capitán, narra* y *paisano*, según veremos en el próximo capítulo. Es probable que la palabra en Cuba nos venga directamente del chino y no a través del inglés como indica la Academia, aunque sabemos que la voz no es de origen chino sino probablemente indostánica.

A pesar de que en Cuba nunca hubo bilingüismo, sí había cubanos que bien porque eran médicos, abogados o dentistas de los chinos o bien repartidores de víveres en el barrio chino o propietarios de fábricas que estaban ubicadas en el «Chinatown» habanero —conocían un mayor número de voces chinas. Según sus propias opiniones, ellos hablaban un *chino-chuchero*.[14]

Palabras chinas de extensión limitada

A continuación ofrecemos la lista de estas palabras chinas de extensión limitada. Las hemos agrupado en categorías semánticas y dividido en cuatro columnas: la palabra y su función gramatical, el significado, la pronunciación cantonesa y la pronunciación en mandarín.

I. Palabras relacionadas con la comida o la bebida.

Palabra	Significado	Pron. cantonesa	Pron. en mandarín
fan, n.	arroz	fan	fan
chau fan, n.	arroz frito	chau fan	ch'ao fán
sec, v.	comer	sek	chu
sec fan, v.	comer arroz	sek fan	chu fan
cha, n.	té	cha	chah
yi cha, n.	té caliente	yi cha	yi cha
lab chon, n.	chorizo	la chon	la ch'ang
lab jok, n.	tocino seco	la ju	la ruh

II. Palabras para fumar cigarrillos, opio o tabaco.

tai yin, v.	comer humo o sea fumar	sek yim	chu yin
sec yin, v.	fumar opio y en Cuba fumar tabaco [15]	ta yim	ta yen

III. Palabras para los cuatro elementos de la naturaleza.

fo, n.	fuego	fo	huo
fon, n.	viento	font	feng
soi, n.	agua	shui	
tei, n.	tierra	ti	

IV. Palabras para los cuatro puntos cardinales.

nan, n.	sur	nam	nan
pak, n.	norte	pak	pei
sei, n.	oeste	sei	Hsi
ton, n.	este	ton	ton

V. Palabras relacionadas con las profesiones.

a yi, n.	dentista	a «diente» yi «médico» o sea «médico de dientes»	ia yi	ia

ga fa yi
san, n.   médico de cabecera
                                                         ga fa yi sang
ga   familia   médico de la
fa   disciplina   familia que impone
yi san   médico   el régimen a seguir

VI. Palabras para los medios de transporte.

chi yau che, n.   «automóvil de gasolina»   chi yu tseh   chi yu chai
fo che, n.   «tren de ferrocarril»   fo tseh   huo chai
fo che (con cambio
  de tono), n.   camión   —   —
tim che o chin
  che, n.   tranvía de cable   dihn tseh   tien ch'se

VII. Nombres propios.

Palabra	Significado	Pron. cantonesa	Pron. en mandarín
Kow Kong, n.	nueve ríos	Kau Kon	chiu chiang
Ma cun, n.	cara ⟨ ma «cara» / cun «hoyo» ⟩ En Cuba era un apodo aplicado a un niño de cara sonriente.[16]	ma Kun	—
Shing Ming, n.	Día de los Difuntos	Ching Ming	Ts'ing Ming
Shung Wan, n.	China	Chung-Hua	Chong-Hua

VIII. Otras palabras.

kam, n.   oro   gam   ching
mo o mou, adv.   no, nada   mouh   may
mok, n.   madera   muhk   muh
Kon jei fa
  tsoe, frase   Feliz y Próspero   Kong Hsi fah ts'ai   —
                     Año Nuevo
mau lo, part.   acabado ⟨ mau «nada más» / lo «partícula para   mau lo   mow lo
  pasivo   indicar acción pasada
                             y concluida» ⟩
                     muerto ⟨ sei «morir» / lo «partícula que   sei lo   —
                             indica aspecto» ⟩
lulu yon Kori [17]   frase de cariño dedicada   —   —
                     a una muchacha hermosa

Como ninguna de estas palabras chinas forma parte integral del habla cubana, es muy probable que desaparezcan sin dejar ninguna huella. Sin embargo, no estimamos que sucederá lo mismo con voces como *chaúcha* y *tautaya* ni con las expresiones malsonantes estudiadas. Juegos como el *chi ffa*, el *fan tan* y el *mah jong* constituirán asimismo elementos culturales típicos de Cuba.

Dos palabras especiales

Por último, analicemos dos palabras obtenidas de un chiste cubano: «¿Cómo se dice lluvia en chino? *Chin chin*. ¿Cómo se dice golpe en chino? *Chichón*». Estimamos que la primera que significa «llovizna persistente», es un cubanismo de origen onamatopéyico.

La segunda es, por el contrario, voz propia de casi todo el mundo hispanohablante. La Real Academia Española (1970, p. 409) la define como «bulto que de resultas de un golpe se hace en el cuero de la cabeza», y la considera procedente del latín *abscesssio, onis* de *abscessus* «tumor». Corominas la da como

> voz de origen incierto, probablemente derivado del vocablo infantil *chicha*, de creación expresiva... En favor de la relación con *chicha* «carne» nótese que esta voz infantil es justamente propia del castellano y el italiano (ciccia), lo mismo que *chichón* así que no hay necesidad de suponer ni que sea hispanismo el it. *ciccione* ni italianismo el cast. *chichón*».[18]

En chino las sílabas *chi* y *chón* significan respectivamente «raro, extraño» e «inflamación». Las primeras documentaciones de esta palabra en español son del siglo XVII y en italiano del siglo XV.[19] ¿Será posible una etimología china para esta voz? Quizás la hipótesis merezca una investigación más profunda.

Las palabras que hemos estudiado siguen las características fonéticas y morfológicas de los préstamos. La sílaba con el tono más alto en chino es la que lleva el acento de intensidad por lo general en español (chi-ffá). Los sonidos chinos que son desconocidos a la lengua española han sido sustituidos por los más similares o han sido eliminados (cantonés *nam* > esp. cubano *nan*; cantonés *font* > esp. cubano *fon*). En cuanto a la morfología la mayoría de las palabras son nombres, seguidas en número menor por verbos, participios, adjetivos y un adverbio.

No olvidemos, sin embargo que, en realidad, los préstamos verdaderos son los nombres *chaúcha* y *tautaya*, las frases malsonantes, y los nombres relacionados con los juegos. Si consideramos que en unos cien años de permanencia en Cuba, nunca hubo bilingüismo, podemos asegurar que la contribución de la lengua china al español de Cuba es bastante considerable.

NOTAS

1. Sen-Dou Chang, «The Distribution and Occupation of Overseas Chinese», *The Geographical Review*, vol. 58, núm. 1, 1968, p. 89.
2. Para más informes sobre la lengua china véanse: De Francis, John. *Beginning Chinese*, 1976; Fenn, Henry C. and Tewksbury, M. Gardner. *Speak Mandarin*, 1974; Forrest, R. A. D. *The Chinese Language*, 1973; Goldenthal, Allan B. *Think Chinese. Speak Chinese*, 1978; Katzner, Kenneth. *The Languages of the World*, 1975, pp. 208-211.
3. El cundiamor es una planta trepadora con flores parecidas al jazmín y de frutos amarillos. En Cuba se usaba en cocimientos para aliviar los dolores de estómago.
4. El quimbombó es «okra» o «gumbo».
5. No lo encontramos en el *Diccionario crítico etimológico de la lengua castellana* por Joan Corominas, pero sí en el de la Real Academia Española, 1970, p. 639.
6. Darío Espina Pérez, *Diccionario de cubanismos*, p. 59. La otra palabra es *achón* (Sánchez-Boudy, *Diccionario*, p. 21).
7. En los países del Río de la Plata, y en Chile, Bolivia y Perú existe la voz *chaucha* de origen quechua con el significado de «patatita temprana». En Huanuco, Perú el sentido se amplía a «comida» en general. (Kany, Charles E. *Semántica hispanoamericana*, 1960, p. 228). Sin embargo, nos inclinamos al origen chino de *chaúcha* por las razones obvias de distancia, por la acentuación de la palabra: chaúcha versus chaucha, y por el hecho de que la *chaucha* peruana no ha penetrado en ningún otro país fuera de los citados en la América del Sur. Además, H. L. Mencken (*The American Language*, 1941, p. 373) trae *Kaukau* «food» como préstamo chino en el dialecto inglés de Hawaii.
8. Esteban Rodríguez Herrera, *Léxico mayor de Cuba*, vol. I, pp. 423-444.
9. James F. Horton. «Two Words of Chinese Origin in Present-Day Peruvian Spanish», *Hispania*, December 1977, pp. 956-957.
10. José Sánchez-Boudy, *Diccionario de cubanismos más usuales*, p. 21.
11. Sánchez-Boudy, ob. cit., p. 21.
12. Esteban Montejo, *The Autobiography of a Runaway Slave*, pp. 94-95.
13. Real Academia Española, 1970, p. 396.
14. *Chuchero* es un cubanismo que se refiere a un individuo que viste de manera extravagante, y le gusta llamar la atención en forma a veces ridícula.
15. Los chinos fumaban el opio en unas pipas largas de madera, y la droga no era ilegal en esa época. Fue un vicio que nunca adquirió el cubano.
16. Para indicar furia en una persona, la lengua china utiliza una expresión muy pintoresca: *cha cun Sam im* significa que el humo o la furia le salen por siete hoyos: las dos orejas, los dos ojos, las dos fosas nasales y la boca.
17. Canción citada por Novás Calvo en el cuento «La luna nona», p. 22.
18. Joan Corominas, *Diccionario crítico etimológico de la lengua castellana*, vol. II, pp. 47-48.
19. Joan Corominas, ob. cit., vol. II, p. 47; Carmen Fontecha, *Glosario de voces comentadas en ediciones de textos clásicos*, 1941.

Desde la época de los viajes de Marco Polo en el siglo XIII, el mundo occidental se ha sentido atraído, fascinado por lo chino. La arquitectura, la pintura, la danza, la música, la escultura, el arte chino en general ha sido siempre muy apreciado por los europeos y los americanos de todos los países de este hemisferio. Los escritores en distintos períodos de la historia del mundo han tenido como temas favoritos las costumbres y la cultura de la China. Las lenguas indoeuropeas incorporaron a su vocabulario voces de etimología china para productos nuevos como *la seda, el té*, la porcelana *china,* el papel de *china,* la tinta *china,* la naranja *china,* la *mandarina,* etc. En este capítulo veremos cómo se refleja la influencia china en la lengua española y en el habla cubana en particular.

Distintos significados y orígenes de chino, a.

El nombre o adjetivo *chino, a* se usa en el mundo hispanohablante para referirse a los naturales de la China o al idioma de este país. Antiguamente, en Cuba se solía distinguir entre el *chino Manila* o *de Manila* y el *de Cantón,* pero con el tiempo el tipo filipino y el cantonés se confundieron y hoy se les llama indistintamente a ambos *chinos* o *chinos de Manila* o *chinos de Cantón*.[1]

Esta voz de etimología china nada tiene que vez con sus homónimas *chino, a* de origen quechua, que significa «mestizo» ni con *china* «piedrecita», probablemente onomatopéyica. Relacionado con la primera está el cubanismo que se refiere al «descendiente de negro y mulata, o de mulato y negra;[2] y con la segunda el juego llamado *chinata* por las piedrecitas pelonas y lisas con que se juega. En España se le conoce con el nombre de *juego de cantillos* porque se usan los cantos pequeños; en otros países se emplean los mates y se le llama *juego de mates;* en los Estados

Unidos es *jack* o *jackstone*, y se juega con piezas de hierro que tienen seis puntas. El anglicismo *yaqui* se popularizó tanto que en La Habana reemplazó a *chinata* en los últimos cincuenta años.[3]

En conexión con el sentido de «liso, pelón, sin asperezas», se aplica como adjetivo a los animales desprovistos de lana o pelo (*perro chino, puerco chino*);[4] y en Cuba además a los terrenos que bien por fuego o porque se han limpiado de malezas y yerbas con el machete,[5] han quedado lisos, pelones o sea *chinos* [6] y también al niño que lo han pelado al rape, y por tanto le han dejado la *cabeza china*.[7]

Hay otro cubanismo también homónimo de los anteriores, pero cuyo origen es difícil de establecer. La enfermedad *varicela* recibe en el habla cubana el nombre de *la china*. ¿Será porque los primeros grupos de inmigrantes chinos llegaban marcados por la viruela o la varicela?

Las formas *chino, chinito, chinín* y sus correspondientes femeninos se usan como apelativos cariñosos entre los hispanohablantes de muchos países, tal como sucede con *negro, negrito, negrín* o *moreno, morenito*, etc. La traducción de estas expresiones españolas de afecto resulta difícil para el hablante de otras lenguas.

Formas de tratamiento

Otras formas de tratamiento empleadas en Cuba para dirigirse a la persona oriunda de la China o de características achinadas [8] eran —además de las ya mencionadas *culi* o *culí, chino, chino Manila* o *chino de Cantón*— *amarillo, asiático, capitán, chino palanqueta, narra* y *paisano*.

Con carácter despectivo se usaban *chino palanqueta* y *narra*. Estimamos que este último pueda proceder del vasco *nar* o *narra* «arrastre».[9] No olvidemos que el chino iba arrastrando de casa en casa su canasta de frutas o su carrito de verduras. De ahí el apelativo de *narra* en el habla cubana, análogo al de *curro* [10] para el blanco y al de *niche* para el negro.

Capitán era el tratamiento que empleaban los chinos para halagar a sus clientes del tren de lavado o del puesto de frutas. Esta cortesía la devolvían los cubanos tratando igualmente a los chinos de *capitán*.[11] El apelativo se hizo tan popular que los mismos chinos hablaban de sí mismos llamándose *capitán*. En la comedia *El chino* de Carlos Felipe, el personaje asiático no emplea la pri-

mera persona, sino la tercera. Expresa: *Capitán* espera, espera...»
y más adelante: «*Capitán* te dice que te vayas».[12]

Los españoles estaban convencidos de que los distintos pueblos de la América española integraban una sola comunidad cultural y los trataban a todos —argentinos, cubanos, chilenos, mexicanos, etcétera— como «paisanos» o sea «conterráneos». El cubano adoptó esta forma para dirigirse al chino y el tratamiento fue acogido también por los chinos que solían pronunciarlo *pasano* o simplemente *pasa*. Veamos el siguiente fragmento del cuento «El tamalero» citado por Rodríguez Herrera:[13]

> Teté arrebata varios perfumes y vuelve loco al *pasana* con sus preguntas.
> —Oye, chino, ¿cuánto vale esta Flor de Azufre de Caretón?...
> Bueno, *pasa*, ¿cuánto es todo?
> —Son poquito li*n*e*l*o, Capitana, *s*iento cua*l*enta peso.

Clasificación de las expresiones relacionadas con lo chino.

Para estudiar las expresiones relacionadas con algo chino, las clasificaremos en dos grandes grupos. En el primero, colocaremos las frases que son comunes a los hablantes de otros países hispánicos y en el segundo las que son exclusivas del habla cubana. El significado y la explicación del origen del modismo aparecen después de cada ejemplo. Las frases se han situado en orden alfabético según la primera palabra importante.

Seis expresiones hispánicas relacionadas con china *«piedrecita»*

A continuación citamos seis expresiones comunes a muchos países hispánicos, pero que están relacionadas no con *lo chino* sino con *la china* cuyo significado es «piedrecita», y por lo tanto no corresponden en este estudio. Son

1) *echar o echarse la china* «sortearse la piedra».
2) *llegarle la china a uno* «tocarle la piedra a uno» o también «llegarle la hora de morir».
3) *ponerle chinas a uno* «suscitarle dificultades».
4) *tirarse chinitas* «tirarse puyas».
5) *tocarle a uno la china* «tocarle a uno la piedra» o también «tocarle la suerte —buena o mala— en un asunto».

6) *tropezar uno en una china* «detenerse en cosas de poca importancia».

Expresiones hispánicas relacionadas con algo chino

Al citar las expresiones relacionadas con algo chino, ofreceremos cuando sea posible el lugar donde es más usual cada expresión y la fuente o fuentes donde aparece (n) documentada(s). Si no se indica el lugar se sobrentiende que es igualmente frecuente en más de un país y si no se señala ninguna fuente es porque no la hemos hallado.

cobrarse a lo chino (Méjico) «cobrarse una deuda restándola de un pago mayor». (Kany, *Semántica*, p. 66 y Santamaría, *Mejicanismos*, p. 401).

chino libre (Méjico) «librarse de algo engorroso, desagradable» (Santamaría, *Mejicanismos*, p. 401). Nos explica este autor que la frase fue usada por primera vez por un chino que había sido encarcelado injustamente y al verse en libertad exclamó»: «¡chino libre!» También se aplica al marido cuya esposa está ausente o a cualquier persona sin autoridad que la controle.

engañar a uno como a un chino «engañar a uno como a un tonto» (Martín Alonso, *Enciclopedia del idioma*, p. 1354; Kany, *Semántica*, p. 66; Sánchez-Boudy, *Diccionario*, p. 131; Santamaría, *Mejicanismos*, p. 401). Los cubanos explican la expresión diciendo que al principio los chinos no dominaban el idioma español y se les engañaba con facilidad y cuando aprendieron, como eran confiados e ingenuos se les seguía engatusando.

hacer ver chinos con sombrilla (Costa Rica) «ver estrellas». (Hernández H., Hermógenes, p. 84).

hacerse el chino «hacerse el tonto».

eso es chino «lo que no se entiende, lo ininteligible». Beinhauer[14] cita la misma frase pero empleando el sintagma tan corriente en la lengua española *ni que* + *oración de subjuntivo: ni que hablara en chino* (se le podría entender tan mal). Esta última aclaración no es necesaria porque la lengua española tiende a no enunciar la idea principal y el hispanohablante está acostumbrado a captarla sin dificultad.[14] Para el francés lo que no se entiende es *hebreo*, para el anglo es *griego*, para el alemán —¡cosa absurda!— es *español*. ¡Qué lógico me parece a mí que sea *chino*!

estar contento como chino con pelo crespo «estar increíblemente contento porque se ha logrado lo imposible». El chino es, por lo general, de pelo muy lacio, de ahí que nos llame la atención el mejicanismo *chino* para «rizo de pelo».[15]

estar en China «estar muy lejos». También se usa con el verbo *vivir* para expresar que vive *donde el diablo dio las tres voces*. En esta última *la China* fue sustituida por la *Cochinchina*, nombre dado por los franceses a lo que es hoy Vietnam, y que adquirió mucha popularidad en los años de 1930 a 1950. Hoy día en Cuba las expresiones *vivir en la China* o *vivir en la Cochinchina* son equivalentes a *vivir en la Siberia*, que es la que tiene más vigencia en la actualidad. Otras expresiones sinónimas de «lejanía» son *vivir en casa de yuca, vivir en las quimbambas, vivir en Remanganaguas*.

ponérsela en China «algo casi imposible, situación difícil» (Sánchez-Boudy, *Diccionario*, p. 131).

no llevárselo ni el emperador de la China. Sintagma negativo equivalente a «no se lo lleva ni Dios o ni nadie» o en forma vulgar «ni la madre que le parió». (Beinhauer, p. 185).

quedar uno como un chino «quedar mal, quedar a la altura del betún». (Martín Alonso, *Enciclopedia*, p. 1354; Santamaría, *Mejicanismos*, p. 401).

todo eso son naranjas de la China «negar lo que alguien dice» o como diría un madrileño «pamplinas». (Beinhauer, p. 178).

trabajar como un chino «trabajar excesivamente». (Martín Alonso, *Enciclopedia*, p. 1355; Kany, *Semántica*, p. 66). Otras expresiones sinónimas son *trabajar como un animal* o *como un enano* o *como una mula*. El esquema al igual que el contenido puede variar y así en lugar del símil, la forma podría ser *trabaja más que* + el sustantivo. Ejemplo: *trabaja más que* un burro; o *trabaja de sol a sol* o *desde el amanecer hasta el anochecer* o con el verbo en forma finita *desde que amanece hasta que anochece.*

viaje a la China (Perú) «ir en busca de colonos europeos» (Martín Alonso, *Enciclopedia*, p. 1355).

Las expresiones cubanas relacionadas con algo chino

Para estudiar las expresiones del habla cubana relacionadas con algo chino las divideremos en tres grupos:

1) expresiones relacionadas con la charada china o *chi ffa.*
2) expresiones relacionadas con el chino o alguna característica, oficio, producto o costumbre de los chinos en Cuba.
3) expresiones eufemísticas.

Expresiones cubanas relacionadas con la charada china o «chi ffa».

Entre las palabras o expresiones que se refieren al juego de la charada china o *chi ffa,* hemos mencionado *el achón* o *banquero* que es el jefe de la operación y por lo tanto el que propone el verso de la charada, *cuelga el chino* (casi siempre con el *bicho* que está *menos cargado,* según dijimos) y controla el dinero. Los que recogen las apuestas y divulgan el verso reciben el nombre de *apuntadores* o *boliteros.* Este último nombre se refiere a la *lotería oficial* que se jugaba diariamente en Cuba y en la que además de jugar a los tres números ganadores, se podía apuntar a los *terminales,* o sea a las *centenas* de los números ganadores. Los que recogían las apuestas eran *los boliteros* y como generalmente se trataba de las mismas personas los nombres *apuntador* y *bolitero* acabaron por usarse indistintamente.

Algo semejante ocurrió con la voz *charadista* que en un principio era sinónima de *achón* o *banquero de la charada* y después amplió su significado para incluir también el de *apuntador* o *bolitero.* Los que apostaban eran *los clientes* o *puntos* y en la lengua vulgar *los comebolas* «tontos».

Las apuestas tenían su propia terminología. *Fijo* y *corrido* eran dos participios que se aplicaban a la cantidad de dinero que se apostaba para indicar con el primero, que se apostaba a un solo número y con el segundo que se apostaba a los tres números ganadores. De manera que *níquel* [16] *fijo* quería decir solo el primer número y *níquel corrido* indicaba que se incluían los tres números ganadores, el primero, el segundo y el tercero. Esta última apuesta no era posible en la charada puesto que de los treinta y seis bichos sólo ganaba uno.

La frase *con pase* se usaba para señalar que se apuntaba en la charada y también en los terminales. Es decir, peseta a la *tiñosa* [17] y *con pase* significaba «una apuesta de veinte centavos al número 33 en la charada y también en los terminales». Los adjetivos *fijo* y *corrido* podían añadirse asimismo para significar lo que acabamos de explicar.

Cuando se ganaba en la charada y en la bolita se *ligaba el parlé*. Quizás esta última palabra provenga del gitano *parné* «dinero» con un cambio de *n* por *l* que pudiera explicarse por confusión con *parlar*. *Ligar* se usa lo mismo para una conquista amorosa que en relación con un contrato o negocio. *Ligar el parlé* era, por lo tanto, «conquistar o ganar dinero en dos contratos (apuestas)».

Citemos ahora dos ejemplos de apuestas que aparecen respectivamente en la novela *Gestos* y en el artículo «La charada china: una de las magias o poetizaciones cubanas de la realidad».

...níquel a la tragedia, peseta fija al muerto chiquito, níquel corrido a la candela.[18]
Óyeme, me le pones una peseta al 15 con Castillo, y luego te me vuelves con la mitad a Campanario para el 21.[19]

Se puede observar que las apuestas eran por lo general de poco dinero y las ganancias por el estilo. Un níquel al número ganador representaba por ejemplo, una ganancia de un peso.

La última frase que mencionaremos en relación con el juego de la charada china es *jugar cementerio en la charada* [20] que es sinónima de «ser un fracaso total».

Expresiones cubanas relacionadas con algo chino

Al estudiar las frases del segundo grupo señalaremos entre paréntesis la fuente o fuentes, si es que la expresión se halla documentada en uno o en varios diccionarios de cubanismos. De lo contrario se sobrentenderá que la voz no aparece en ninguno de los diccionarios consultados. No siempre se sigue un orden alfabético basado en la palabra clave de la frase, pues a veces incluimos varios modismos de significado análogo bajo la misma frase.

buscarse un chino que le ponga a uno un cuarto. La etimología popular explica la frase diciendo que el chino con tal de casarse con una blanca, le ponía un cuarto a una prostituta para después proponerle matrimonio. Desde luego que la misma expresión se usa también con los otros dos grupos étnicos más numerosos de la isla: el español y el negro, o sea que *búscate un chino, un gallego o un negro para que te ponga un cuarto* es una frase que se le dirige a una mujer que se encuentra en una situación crítica, desesperada, bien económica, sexual o moralmente. Sánchez-Boudy cita una expresión análoga pero empleando el verbo *necesitar* en vez de *buscar*, es decir, *necesitar alguien un chino que le ponga un cuarto* y la traduce «necesitar que la mantenga». (Sánchez-Boudy, *Diccionario*, página 132).

casa de fonda de chino (Sánchez-Boudy, *Diccionario*, p. 94). En los hogares hispánicos se acostumbraba comer con todos los miembros de la familia sentados a la mesa y se hacía una sobremesa larga. La rapidez de la vida moderna y la televisión han ido acabando con estos viejos hábitos. En Cuba cuando esta costumbre no se cumplía porque todo el mundo cenaba a horas diferentes, las personas mayores comentaban: «Esto es una fonda de chinos, no un hogar». No olvidemos que en la fonda de chinos surgió otro cubanismo ya estudiado: *comerse una completa* (Luis Pérez López. *Así hablaba Cuba* —folleto sin numeración de páginas) que significa «comida abundante y barata, con muchas variedades de viandas».

comerse un chino empanizado (Sánchez-Boudy, *Diccionario*, p. 131). El habla cubana es rica en expresiones con el verbo *comer*. Esta significa «estar en una situación económica mala» y es sinónima de otras como *comerse un cable, comerse una malanga* o *comer tierra*.

como si le pelara un chino «no importarle nada». Esta comparación irreal en forma de oración condicional con el verbo en subjuntivo y precedido de *como si* es muy frecuente en la lengua española y «su carácter hipotético», como dice Beinhauer, «abre de par en par las puertas al humor».[21] Otras expresiones análogas son *como si oyera llover, como si se llamara Eulalia* y en forma elíptica *como si tal cosa, como si nada.*

un cuento chino o de chino manila (Sánchez-Boudy, *Diccionario*, p. 132) «narración de dudosa credibilidad». Se usa principalmente con los verbos *ser, venir* y *andar.*

chino con piojos «dulce de ajonjolí», también llamado según se dijo en párrafos anteriores *alegría de ajonjolí*. Esta última es una frase pleonástica porque la planta *ajonjolí* se llama también *alegría* y *sésamo.*[22]

darse un viaje a China «perder el tiempo, no obtener el resultado deseado».

estar más apolimado que el aguacate de puesto de chino (Sánchez-Boudy, *Diccionario*, p. 24) «estar decaído, triste, abatido». El participio pasivo *apolimado* proviene del verbo *aporismar* que significa «magullar». En Cuba perdió la —s— y sufrió un rotacismo de *r* por *l*. La voz primitiva era *aporisma* que significa «tumor que se forma por derrame de sangre entre cuero y carne, en los animales»; y que a su vez procede del griego *aforismo*.[23] El cambio semántico de *magullado* a *triste, abatido* no es difícil de concebir y cualquiera que haya estado en un puesto de chinos en Cuba sabe que las amas de casa manoseaban bastante el aguacate antes de comprarlo para saber si estaba maduro. Las consecuencias eran obvias: *un aguacate* muy *magullado* o *apolimado*. El diccionario de la Academia registra la forma pronominal *aporismarse* (p. 105).

estar hablando en chino «no entender nada». Esta expresión es una variante de la frase *eso es chino*, y sinónima de *no entender ni papa, ni jota.*

estar rosado como un chino «tener mal color».

matar a un chino y arrastrarlo en dirección contraria por la calle Obispo (Sánchez-Boudy, *Diccionario*, pp. 131-132) «estar dispuesto a todo». Ninguno de mis informantes conoce esta expresión, pero su significado puede explicarse en vista de la estrechez que caracteriza a la calle Obispo de la vieja Habana, que es forzosamente calle de una sola vía. De manera que alguien dispuesto a matar y después a arrastrar el cadáver por calle tan estrecha, no hay dudas de que está decidido a hacer cualquier cosa.

ni un chino muerto (Sánchez-Boudy *Diccionario*, p. 132) «no, de ninguna manera». En la lengua española hay muchas maneras de decir que *no*, algunas basadas a veces hasta en fórmulas afirmativas que hacen su traducción difícil al extranjero. Por ejemplo, decir en Cuba *piña, mamey y zapote* era equivalente a repetir *no* tres veces. Otras expresiones de significado análogo y con la partícula *ni* son *ni muerto, ni a matado, ni nada, ni loco, ni hablar del peluquín*, etc.

no creer ni en velorio de chino «no creer en nada». En el velorio chino los familiares están ocupados preparando la comida preferida del difunto y haciendo figuras de papel que representen los objetos que lo rodeaban como muebles, lámparas, adornos, el automóvil, etc. Antes de salir para el cementerio se queman estas figuras de papel y también una cantidad de dinero —hecho igualmente de papel— que le asegurará bienestar al muerto en la otra vida, que él ahora *está saludando*, según un decir chino. El velorio era pues, de desarrollo elaborado, y el cubano aplicó el sintagma negativo *no + el infinito + ni + la frase sustantiva* para expresar hiperbólicamente el sentido de *nada*. Con frecuencia se escuchaba también *no creer ni en velorio de chino manila*. Ya hemos visto que *chino* y *chino manila* se usaban indistintamente. Otras frases sinónimas y con el mismo sintagma son *no creer ni en la paz de los sepulcros, no creer ni en el pinto de la paloma, no creer ni en el pipisigallo, no creer ni en el babalao*[24] *de Guanabacoa*,[25] etc.

no salvarlo ni el médico chino (Antonio Carbajo, *Tesauro de cubanismos*, p. 18; Sánchez-Boudy, *Diccionario*, p. 132) «ser un enfermo grave, sin salvación posible». Con el tiempo la frase amplió su significado para abarcar no sólo a la víctima de una enfermedad seria sino a la de cualquier tipo de situación crítica. El sintagma *no salvarlo ni* es común al español como lo atestigua la frase *no lo salva ni la carabina de Ambrosio*. El sentido primitivo de la frase hace alusión a la sabiduría de los médicos chinos, que utilizaban ciertas yerbas y ungüentos especiales para curar a sus enfermos. En varios artículos cubanos se menciona el nombre de *Cham-bombia* o *Chang Wong Bain,* médico chino que a fines del siglo XIX se hizo famoso en Matanzas primero y después en La Habana por sus curas maravillosas.

Me cuenta mi padre que cuando él empezaba a ejercer su carrera de medicina por los años veinte le fue recomendado un paciente chino que había sufrido una extensa quemadura en una pierna. Comenzó a tratarlo con Ambrina, una mezcla de parafinas que fue muy usada durante la primera guerra mundial, y cuya aplicación era algo dolorosa. El chino que no era un buen representante del famoso estoicismo de su raza, después de unos días le mandó a decir que no fuera más a curarlo. Posteriormente, el propio paciente informó que el médico chino le había preparado una medicina que él mismo se untaba con una brocha vieja de afeitar y que el resultado había sido excelente. No pudo mi padre averiguar la fórmula de la eficiente sustancia.

no tirarle ni un gollejo a un chino (Sánchez-Boudy, *Diccionario,* p. 132) «ser perezoso, no hacer nada». Otras expresiones de sentido análogo son *no disparar un chícharo, majasear,*[26] *no doblar el lomo,* etc.

salir un chino (Sánchez-Boudy, *Diccionario,* p. 132) «ser algo inservible, de mala calidad».

ser una cosa ancha como pantalón de chino (Darío Espina Pérez, p. 9) «ser algo exageradamente ancho». Los chinos se vestían con unos pantalones muy anchos y almidonados. *Ser ancho como guarandol*[27] *de a peso* es una expresión sinónima.

ser un chino o *un chino manila* (Sánchez-Boudy, *Diccionario,* p. 132) «ser tonto». Como expresiones sinónimas citemos *ser un adoquín; ser más bruto que un arado; ser como Canuto, mientras más viejo más bruto; ser un tolete; ser un tronco de yuca;* más todos los compuestos con el verbo *comer: ser + un comebasura* o *un comebolas* o *un comecantúa* o *un comecascaritas* o *un comecatibías* o *un comefango* o *un comegandofia* o *un comegofio* o *un comeñame* o *un comequeque* o *un cometrapos* o *un comevaina* o *un comeyuca,*[28] etc.

ser un chino de tren de lavado (Sánchez-Boudy, *Diccionario*, p. 132) «ser una persona insignificante, de posición social baja». El equivalente femenino de esta expresión es *ser la mujer del chino* y otras frases de significado análogo son *ser un carne de cogote, ser un carne de pescuezo, ser un buche y pluma, ser un guaricandilla, ser un muerto de hambre, ser un habitante, ser un pata de puerco*, etc.

ser un papel de China «ser muy delicado». Por su extremada delgadez este papel que se fabrica con la parte interior de la corteza de la caña de bambú, da la impresión de ser algo muy fino y débil. La persona que *es un papel de China* o que *está envuelta en papel de China* o que *se la coge con papel de China* es, por lo tanto, una persona de *mírame y no me toques* tal como el Licenciado Vidriera.

tener más almidón que ropa de chino (Sánchez-Boudy, *Diccionario*, p. 30) «darse importancia». Otras expresiones de significado análogo son *darse lija, darse patadas, darse tono, gustarle el plante, írsele los humos a la cabeza, ser lijoso, tener la cabeza llena de humo, tener delirios de grandeza, tirarse un plante*, etc.

tener un chino atrás (Darío Espina Pérez, p. 61; Sánchez-Boudy, *Diccionario*, p. 132) «tener mala suerte». Hay muchas variantes de esta expresión, pero el sentido es siempre el mismo. Por ejemplo, en lugar del verbo *tener* se emplea también *traer;* en lugar del adverbio *atrás, detrás;* el sustantivo *chino* puede sustituirse por cualquiera de estas dos frases: *la calle Zanja* o *un tren de lavado*. Y por último para darle énfasis a lo de la mala suerte *tengo un chino atrás y en puntillas*.

La popularidad de este modismo en el habla cubana se pone de manifiesto con una nueva modalidad de la expresión que han creado los cubanos exiliados que residen en Los Ángeles. En esta ciudad la mala suerte se exagera al decir *tengo un chino atrás y delante en el freeway*.

Frases de sentido análogo son *estar salado, estar reventado, tener un ñeque*,[29] *tener un pájaro de mal agüero*, etc. Empleando el verbo *soltar* se indicaba que se eliminaba o que desaparecía la mala suerte, o sea que al que le salían bien las cosas, era porque *había soltado al chino*.

tirarse un chino «ser capaz de cualquier cosa por estar al borde de la desesperación». Es frase vulgar.

verle a uno cara de chino «verle a uno cara de tonto».

Expresiones eufemísticas

Con los verbos *irse* o *mandar* + la preposición *a* + el nombre geográfico que era generalmente *Cantón, la China* o *Manila* se crearon en Cuba eufemismos para evitar el empleo del vulgarismo *mierda*. *Irse a la China* o *a Cantón* o *a Manila* era pues lo mismo que «irse o mandar a alguien al diablo o al infierno o a la eme». Hay unos versos populares en los que se elimina el verbo:

> *Chino pa(ra) Cantón*
> *dame la contra* [30]
> *de chicharrón.*

Santamaría (*Mejicanismos*, p. 392) cita dos eufemismos: *mandar* o *enviar a uno a la China* sinónimo de «enviarlo en hora mala, a la chingada» y *la China Hilaria*, «usado para suplir una picardía: la chingada». Kany (*Euphemisms*, p. 24) considera esta última frase como un eufemismo triple pues esconde el significado de «la muerte» a la vez que conserva la asonancia: *-i-a-a* de la forma vulgar *chingada*.

Las expresiones analizadas constituyen una muestra evidente de la influencia que el elemento étnico chino ha tenido sobre el habla dialectal cubana. Son expresiones familiares a los cubanos de toda la isla, pero sin embargo, muchas no se hallan registradas y las que sí lo están aparecen en uno o en varios diccionarios de cubanismos, que dan el significado pero no la etimología de la voz o la expresión.

Sobre el español de Cuba se han publicado estudios que tratan de la influencia indígena, la africana, la del inglés. Con esta monografía esperamos llenar el vacío que representaba la falta de un estudio lingüístico sobre lo chino en el habla cubana. Deseamos igualmente despertar interés en este aporte por considerarlo parte integrante de la personalidad cubana.

NOTAS

1. E. Rodríguez Herrera, *Léxico mayor de Cuba*, vol. I, pp. 437-38.
2. Real Academia Española, *Diccionario de la lengua española*, p. 411; Corominas, ob. cit., vol. II, p. 53; *Pichardo novísimo*, pp. 247-48 y otros.
3. *Pichardo novísimo*, p. 248; Ernesto Dihigo, *Los cubanismos en el diccionario de la Real Academia Española*, p. 101.
4. E. Rodríguez Herrera, ob. cit., pp. 437-38.
5. Esta acción se llama *chapear* en Cuba.
6. *Pichardo novísimo*, p. 248.
7. *Pichardo novísimo*, p. 248.
8. *Achinado* es un americanismo que no registra el diccionario de la Academia y que indica el parecido al chino o a una cualidad de los chinos. (Dihigo, Juan M. *Léxico cubano*, 1928, p. 45).
9. Joan Corominas, ob. cit., vol. III, p. 501.
10. *Curro* también puede referirse al andaluz.
11. Cuentan que el cónsul de China al ser llamado *capitán* contestó: «No soy capitán, sólo soy el cónsul de China».
12. Carlos Felipe, *Teatro*, 1959, p. 35 y p. 76.
13. E. Rodríguez Herrera, ob. cit., vol. II, p. 318.
14. Werner Beinhauer, *El español coloquial*, pp. 186-187.
15. F. J. Santamaría, *Diccionario de mejicanismos*, p. 401.
16. *Níquel* es un cubanismo empleado también en Puerto Rico para la moneda de cinco centavos. En la última edición del diccionario de la Academia (1970) se incluye por primera vez esta voz (p. 1407). Se refiere al metal con el cual estaban hechas las monedas estadounidenses de cinco centavos que circularon en Cuba a principios del siglo xx. (Ernesto Dihigo, *Los cubanismos*, p. 185).
17. *El aura tiñosa* es el nombre en Cuba del ave negra que en México se llama *zopilote*.
18. Severo Sarduy, *Gestos*, p. 98.
19. Gastón Baquero, «La charada china». *Enciclopedia de Cuba*, vol. VI, 1973, p. 415.
20. Sánchez-Boudy, *Diccionario...*, p. 98.
21. Werner Beinhauer, *El español coloquial*, p. 255.
22. Real Academia Española, *Diccionario*, p. 46 .
23. Corominas, ob. cit., vol. I, p. 48.
24. *El babalao* era un brujo al que se iba a ver cuando se necesitaba un *despojo*, es decir, una cura.
25. Guanabacoa es un pueblo cerca de La Habana.
26. *Majasear* es un derivado de majá «la culebra más grandes que había en Cuba». La idea de pereza proviene de que el animal se hallaba echado durmiendo mientras no necesitaba comida.
27. *Guarandol* es el nombre de una tela en Cuba, Méjico y Venezuela. La Academia no registra la voz.
28. *Hispania*, la revista de la American Association of Teachers of Spanish and Portuguese, publicará un artículo de la autora sobre los «Nombres compuestos con el verbo *comer*» en septiembre de 1980.
29. *Ñeque* es probablemente un africanismo que significa «estar salado». (Fernando Ortiz, *Glosario de afronegrismos*. La Habana, 1924, pp. 379-380).
30. *La contra* es palabra sinónima de *la ñapa* o *la yapa*. En un periódico del Estado de Luisiana se publica una columna que recibe el nombre de *Lagniappe*, que es la versión franco-inglesa del español *ñapa*, que a su vez proviene del quechua *yapa* «añadidura». (William A. Read, *Louisiana-French*, 1963, p. 142).

BIBLIOGRAFÍA

Bibliografía General

ARROM, José Juan. *Historia de la literatura dramática cubana.* Yale University Press, 1944, 132 p.

CABRERA INFANTE, G. *Tres tristes tigres.* Barcelona: Editorial Seix Barral, S.A., 1968, 451 p.

CAMPINS, Rolando. *Sonsonero mulato.* U.S.A.: Hispanic Printing Corporation, 1969, 106 p.

CARPENTIER, Alejo. *La música en Cuba.* México: Fondo de Cultura Económica, 1946, 370 p.

Cuba. Its people, its society, its culture. Wyatt MacGaffey, Clifford R. Barnett in collaboration with Jean Haiken and Mildred Vreeland. New Haven: Hraf Press, 1962, 392 p.

Chinese in the Caribbean. Dedicated to Generalissimo and Madame Chiang Kai Shek and the Chinese People. (sin fecha de publicación).

Chinese Wit and Humor. Ed. George Kao. Introduction by Lin Yutang. New York, 1946, 347 p.

FELIPE, Carlos. *Teatro.* Universidad Central de Las Villas, La Habana, 1959, 314 p.

FELIPE, Carlos. *Teatro.* La Habana, 1967, 261 p.

1500 Modern Chinese Novels and Plays by Joseph Schyns and others. Holland, 1948, 484 p.

GRANET, Marcel. *Festivals and Songs of Ancient China.* Translated from the French by E. D. Edwards. London, 1932, 281 p.

GUTIÉRREZ DE LA SOLANA, Alberto. *Investigación y crítica literaria y lingüística cubana.* Senda Nueva de Ediciones, 1978, 245 p.

―――. *Maneras de narrar. Contrastes de Lino Novás Calvo y Alfonso Hernández Catá,* 1972, 260 p.

Homenaje a Lydia Cabrera. Ediciones Universal, 1978, 349 p.

Hsu, Francis L. K. *The Challenge of the American Dream: The Chinese in the United States,* 1971, 160 p.

Latouret, Kenneth Scott. *The Chinese: Their History and Culture.* New York, 1943, 389 p.

Loveira, Carlos. *Juan Criollo.* Estudio preliminar y notas de Carlos Ripoll. New York, 1964, 437 p.

Martí, José. Obras completas. 2 vols. La Habana, Cuba: Editorial Lex, 1946.

Montejo, Esteban. *The Autobiography of a Runaway Slave.* Ed. Miguel Barnet. Translated from the Spanish by Jocasta Innes, 1968, 223 p.

Nee, Victor G. and Brett de Bary *Longtime Californ'. A Documentary Study of an American Chinatown,* 1972, 411 p.

Novás Calvo, Lino. *La luna nona y otros cuentos.* Buenos Aires: Ediciones Nuevo Romance, 1942, 233 p.

Overseas Chinese. Textbook for Children. Taiwan: Republic of China.

Pekinese Rhymes. Chinese folklore. First collected and edited with notes and translation by Guido Vitale. Hong Kong, 1972, 274 p.

Perera, Hilda. *Mañana es 26.* La Habana, 1960.

Rodríguez Monegal, Emir. *El arte de narrar. Diálogos.* Venezuela, 1968, 311 p.

Sánchez-Boudy, José. *Alegrías de coco.* Barcelona, 1970, 64 p.

Sánchez de Fuentes, Eduardo. *Folklorismo.* Artículos, notas y críticas musicales. Imp. Molina y Compañía, La Habana, 1928, 343 p.

Sarduy, Severo. *Barroco.* Buenos Aires: Editorial Sudamérícana, 1973, 119 p.

———. *Big Bang.* Barcelona, 1974, 114 p.

———. *Cobra.* Buenos Aires: Editorial Sudamericana, 1974, 263 p.

———. *Gestos.* Barcelona: Editorial Seix Barral, S.A., 1963, 140 p.

———. *De donde son los cantantes.* México: Serie del Volador, 1970, 153 p.

———. *Escritor sobre un cuerpo.* Buenos Aires: Editorial Sudamericana, 1969, 109 p.

———. *Overdose.* Imprenta Pérez Galdós, Las Palmas, 1972, 17 p.

Sen-dou Chang. «The Distribution and Occupations of Overseas Chinese», *The Geographical Review,* Vol. 58, n.º 1, January 1968, pp. 89-108.

Standard Dictionary of Folklore, Mythology and Legend. Ed. Maria Leach; Associate Ed. Jerome Fried. New York: Funk and Wagnalls, 1972, Vol. I and Vol. II.

STEWART, Watt. *Chinese Bondage in Perú. A History of the Chinese Coolie in Perú, 1849-1874.* Duke University Press, 1951, 247 p.
THOMAS, Hugh. *Cuba. The Pursuit of Freedom.* New York, 1971, 1696 p.
The Travels of Marco Polo (The Venetian) New York, 1926, 370 p.
WILLIAMS, Stephen. *The Chinese in the California Mines: 1848-1860.* California, 1930, 85 p.

Bibliografía sobre los chinos en Cuba

BAQUERO, Gastón. «La charada china: una de las magias o poetizaciones cubanas de la realidad.» *Enciclopedia de Cuba*, 1973, vol. VI, pp. 409-416.
CARBAJO, Antonio. *El libro supremo de la suerte. Los sueños y sus números.* Miami, Florida, 1970, 36 p.
CORBITT, Duvon Clough. «Immigration in Cuba», *Hispanic American Historical Review*, vol. 22, May 1942, pp. 280-308.
———. *A Study of the Chinese in Cuba 1847-1947.* Wilmore, Kentucky: Asbury College, 1971, 142 p.
JIMÉNEZ PASTRANA, Juan. *Los chinos en las luchas por la liberación cubana.* (1847-1930). La Habana, 1963, 164 p.
MARTÍN, Juan Luis. «Los chinos y la revolución cubana» *El Mundo*, Domingos 24 y 31 de marzo de 1940.
QUESADA, Gonzalo de. *The Chinese and Cuban Independence.* Leipzig, 1912, 16 p. Translated from his book *Mi primera ofrenda*, 1892.
SEUC, Napoleón. «Los chinos de Cuba». *Enciclopedia de Cuba*, 1973, vol. V, pp. 454-476.
VALVERDE Y MARURI, Antonio L. «Colonización e inmigración en Cuba». Discurso leído al ser inaugurado como miembro de la Academia de la Historia. Imprenta «El Siglo XX», La Habana, 1922, 98 p.
VILLANUEVA, Manuel. «La emigración de colonos chinos», *Revista Contemporánea*, vol. VII, Madrid, 1877, pp. 338-376.

Diccionarios y bibliografía sobre la lengua china

DE FRANCIS, John. *Beginning Chinese.* New Haven and London: Yale University Press, 1976, 566 p.

FENN, Henry C. and Tewksbury, M. Gardeur. *Speak Mandarin. A Beginning Text in Spoken Chinese.* New Haven and London: Yale University Press, 7th printing, 1974, 238 p.
FORREST, R. A. D. *The Chinese Language.* London, 1973, 372 p.
GOLDENTHAL, Allan B. *Think Chinese. Speak Chinese.* New York, 1978, 421 p.
HUANG, Po-fei. *Cantonese dictionary* Cantonese-English, English-Cantonese. 1970, 487 p.
KATZNER, Kenneth. *The Languages of the World.* New York, 1975, 374 p.
MATHEWS, R. H. *Chinese-English Dictionary.* Cambridge, Massachusetts Harvard University Press, 1969.

Diccionarios. Estudios lingüísticos sobre el habla cubana

ALONSO, Martín. *Enciclopedia del idioma.* Madrid, 1958.
BEINHAUER, Werner. *El español coloquial.* Prólogo de Dámaso Alonso. Versión española de Fernando Huarte Morton, 1968, 459 p.
CARBAJO, Antonio. *Tesauro de cubanismos,* 1968, 48 p.
COROMINAS, Joan. *Diccionario crítico etimológico de la lengua castellana.* 4 vol., Madrid, 1954-1957.
DIHIGO Y LÓPEZ-TRIGO, Ernesto. *Los cubanismos en el diccionario de la Real Academia Española.* Madrid, 1974.
DIHIGO, Juan M. *Léxico cubano.* La Habana, 1928.
DIEZ, Friedrich. *Etymologishes Wörterbuch der Romanischen Sprachen.* New York: Georg Olms Verlag, 1969. Printed in Germany 1887, 1889.
ESPINA PÉREZ, Darío. *Diccionario de cubanismos.* 1972, 209 p.
FONTECHA, Carmen. *Glosario de voces comentadas en ediciones de textos clásicos.* Madrid, Consejo Superior de Investigaciones Científicas, Madrid, 1941, 409 p.
FRIEDERICI, Georg. *Amerikanistiches Wörterbuch und Hilfswörterbuch für den Amerikanisten.* Hamburg, 1960.
HERNÁNDEZ H., Hermógenes. *Refranes y dichos populares usuales en Costa Rica.* 1976, 166 p.
KANY, Charles E. *American-Spanish Euphemisms,* 1960, 249 p.
———. *American-Spanish Syntax,* 1951, 467 p.
———. *Semántica hispanoamericana,* 1969, 298 p.
LÓPEZ DE ÚBEDA, Licenciado Francisco. *La pícara Justina,* Tomo III. Estudio crítico, glosario, notas y bibliografía por Julio Puyol y Alonso. Madrid, 1912, 342 p.

MEYER-LÜBKE, W. *Romanisches Etymologishes Wörterbuch.* Heidelberg, 1935.
MOLINER, María. *Diccionario de uso del español,* 2 vol., Madrid, 1966.
MONLAU, Pedro Felipe. *Diccionario etimológico de la lengua castellana.* Buenos Aires, 1946.
ORTIZ, Fernando. *Un catauro de cubanismos.* Revista Bimestre Cubana XVII (1922), 17-45, 87-106, 150-65, 209-31, 295-314.
———. *Glosario de afronegrismos.* La Habana, 1924.
PÉREZ LÓPEZ, Luis. *Así hablaba Cuba. Sus dichos populares.* 1968 (las páginas no tienen numeración).
PICHARDO, Esteban. *Pichardo novísimo.* La Habana, 1953.
READ, William A. *Louisiana-French,* Louisiana State University Press, 1963.
REAL ACADEMIA ESPAÑOLA. *Diccionario de la lengua española.* Madrid, 1970.
RODRÍGUEZ HERRERA, Esteban. *Léxico mayor de Cuba.* 2 vol. La Habana, 1958, 1959.
SÁNCHEZ-BOUDY, José. *Diccionario de cubanismos más usuales.* (Como habla el cubano) Ediciones Universal, 1978, 429 p.
SANTAMARÍA, Francisco J. *Diccionario general de americanismos.* 3 tomos, Méjico, 1942.
———. *Diccionario de mejicanismos.* Méjico, 1959.
SUÁREZ, Constantino (españolito). *Vocabulario cubano.* Barcelona, 1921.
ZAYAS, Alfredo. *Lexicografía antillana.* La Habana, 1914.

ÍNDICE DE PALABRAS Y EXPRESIONES

achón o banquero
apuntador
a yi
bicho cargado
bolita
bolitero
botón
buscarse un chino que le ponga un cuarto
casa de fonda de chinos
cliente o punto
comerse una completa
comerse un chino empanizado
como si me pelara un chino
corrido
un cuento chino o de chino manila
culi o culí
cha
charada china o chi ffa
charadista
chaúcha
chau fan
chichón
chi ffa o charada china
chin chin
chino con piojos
chi yau che
darse un viaje a China
estar más apolimado que el aguacate de puesto de chino
estar envuelto en papel de China
estar hablando en chino
estar rosado como un chino
fan
fan tan
fijo
fo
fo che
fo che (con cambio de tono)
fon
ga fa yi san
gum Kai
irse a Cantón
irse a la China
irse a Manila
jugar cementerio en la charada
Kai ta ya
Kam
Kon jei fa tsoe
Kow Kong
Kung fu
lab chon
lab jok
ligar el parlé
lulu yon kori

61

Ma cun
mah jong
mandar a alguien a Cantón
mandar a alguien a la China
mandar a alguien a Manila
matar a un chino y arrastrarlo en dirección contraria por la calle Obispo
mau lo
mo o mou
nan
ni un chino muerto
no creer ni en velorio de chino o de Chino Manila
no salvarlo ni el médico chino
no tirarle ni un gollejo a un chino
pak
con pase
punto o cliente
salir un chino
sam vaya
sec
sec fan
sec yin
sei
sei lo
ser una cosa ancha como pantalón de chino
ser un chino

ser un chino de tren de lavado
ser la mujer del chino
ser un papel de China
Shing Ming
Shung Wah
soi
soltar un chino
tai yin
tautaya
tei
tener más almidón que ropa de chino
tener la calle Zanja atrás
tener un chino atrás
tener un chino atrás y delante en el freeway
tener un chino detrás
tener un tren de lavado atrás
terminal
tim che o chin che
tirar la charada
tirarse un chino
tiu na ma ja cue
tiu na ma Ka li nam bo
tiu ni Ki si fa
ton
traer un chino atrás
verle a uno cara de chino
yi cha
wam chin yo

Formas de tratamiento 42
Clasificación de las expresiones relacionadas con lo *chino* . 43
Seis expresiones hispánicas relacionadas con *china* piedrecita 43
Expresiones hispánicas relacionadas con algo chino . . . 44
Expresiones cubanas relacionadas con la charada china o
  «chi ffa» 46
Expresiones cubanas relacionadas con algo chino . . . 47
Expresiones eufemísticas 53
Bibliografía 55
Indice de palabras y expresiones 61

INDICE

Introducción	7
La inmigración china	9
Los chinos mambises	10
La cultura china	11
La música	14
La comida	15
La medicina	16
El chino	17
Cuatro tipos del folklore cubano	18
Canciones folklóricas	18
Tema: Los chinos vendedores	22
Dos canciones para niños	23
La charada china o «chi ffa»	24
La influencia china en el habla cubana	31
Palabras o expresiones de origen chino	31
Palabras obscenas	32
Vocabulario relacionado con la comida	33
Vocabulario derivado de los juegos chinos	34
Culi o culí	36
Palabras chinas de extensión limitada	37
I. Palabras relacionadas con la comida o la bebida	37
II. Palabras para fumar cigarrillos, opio o tabaco	37
III. Palabras para los cuatro elementos de la naturaleza	37
IV. Palabras para los cuatro puntos cardinales	37
V. Palabras relacionadas con las profesiones	37
VI. Palabras para los medios de transporte	38
VII. Nombres propios	38
VIII. Otras palabras	38
Dos palabras especiales	39
Distintos significados y orígenes de chino, a	41

Date Due

ROOM USE ONLY

UML 735